Ludwig Ritter von Köchel

Briefe

Ludwig van Beethoven's an den Erzherzog Rudolph

elv

www.elv-verlag.de

Köchel, Ludwig Ritter von

Briefe Ludwig van Beethoven´s an den Erzherzog Rudolph

ISBN: 978-3-86267-188-5

Auflage: 1
Erscheinungsjahr: 2011
Erscheinungsort: Bremen, Deutschland

© Europäischer Literaturverlag GmbH, Fahrenheitstr. 1, 28359 Bremen (www.elv-verlag.de). Alle Rechte beim Verlag und bei den jeweiligen Lizenzgebern.

Bei diesem Titel handelt es sich um den Nachdruck eines historischen, lange vergriffenen Buches aus dem Jahr 1865 (Becksche Universitätsbuchhandlung, Wien). Da elektronische Druckvorlagen für diesen Titel nicht existieren, musste auf alte Vorlagen zurückgegriffen werden. Hieraus zwangsläufig resultierende Qualitätsverluste bitten wir zu entschuldigen.

DREI UND ACHTZIG

NEU AUFGEFUNDENE

ORIGINAL-BRIEFE

LUDWIG VAN BEETHOVEN'S

AN DEN

ERZHERZOG RUDOLPH,

CARDINAL-ERZBISCHOF VON OLMÜTZ K. H.

HERAUSGEGEBEN

VON

Dr. LUDWIG RITTER VON KÖCHEL.

WIEN.

BECK'SCHE UNIVERSITÄTS-BUCHHANDLUNG.

(ALFRED HÖLDER.)

1865.

In dem Nachlasse des am 21. December 1864 verstorbenen Erzherzogs Ludwig Josef fanden sich wohlverwahrt sämmtliche hier mitgetheilten eigenhändigen Briefe Ludwig van Beethoven's an den Erzherzog Rudolf* vor, von welchem letzten dieselben an dessen Bruder und Erben Erzherzog Ludwig Josef gekommen waren. Nachdem S. k. H. der Erzherzog **Leopold** das Erbe seines Oheims des Erzherzogs Ludwig Josef angetreten hatte, gestattete Er huldvoll über die zuvorkommende Intercession der beiden kunstsinnigen Herren Dr. Kaspar Freiherrn von Seiller und Dr. Leopold Edlen von Sonnleithner die Veröffentlichung dieser in so vieler Rücksicht merkwürdigen Briefe. Der kunstgeschichtliche

---

* Geb. 8. Jänner 1788, gest. 23. Juli 1831.

Werth derselben mag zugleich den Masstab des Dankes darstellen, zu welchem der Herausgeber, so wie das theilnehmende Publicum für die Aufschliessung eines so lange verborgenen Schatzes verpflichtet sein müssen.

Das schöne Verhältniss zwischen Beethoven und dem Erzherzoge Rudolf, worüber diese Briefe zum ersten Male vollen Aufschluss geben, war das eines titanischen, schöpferischen Genius zu einem kunstbegabten, grossmüthigen, milden Mäcen. Es war dieses Verhältniss auf ein wechselseitiges Bedürfen und Gewähren gegründet und darum auf eine dauerhafte Basis gestellt: Beethoven gab nicht minder, als er empfieng, während der Erzherzog entgegennahm und gewährte. Beethoven wusste seine Geisteswerke von dem empfänglichen und selbst producirenden Fürsten erkannt und mitempfunden; wesshalb es jenem das reinste Vergnügen verschaffen musste, jedes neugestaltete Werk dem Erzherzoge vorzuführen und der freundlichst anerkennenden Aufnahme gewiss zu sein: er sah auch, dass sein musicalischer Einfluss den Erzherzog zu eigenen, nicht gewöhnlichen künstlerischen Productionen anregte, worüber Beethoven seine Freude und Zustimmung oft in emphatischer Weise kundgibt. Beethoven hatte aber auch mancherlei Bedürfnisse, und diesen gegenüber kam der Erzherzog in eben so ausdauernd thätiger als zarter Weise entgegen. Wenn schon für den vollen Einblick in diesen Wechselverkehr zu bedauern ist, dass von den schriftlichen

Entgegnungen des Erzherzogs ein einziger Brief* bekannt wurde, so lässt doch bereits dieser erkennen und noch besser kann man es zwischen den Zeilen der Briefe Beethoven's lesen, mit welcher Schonung der Erzherzog die kantigen Eigenthümlichkeiten Beethoven's behandelte, welche es auch den näheren Freunden Beethoven's schwer machte, bei ihm auszuhalten. Bedenkt man nun, dass, wenn die Behauptung Thayer's** richtig ist, die Beziehung Beethoven's schon 1805 bestand, und erwiesener Massen bis zu Beethoven's Tode anhielt, so geht schon daraus hervor, wie unentbehrlich beide Theile einander geworden waren, dann aber auch, wenn man das bei gesteigerter Taubheit und Kränklichkeit Beethoven's wachsende Misstrauen und seine Isolirung in die Wagschale legt, so lässt sich leicht der Schluss ziehen, auf welcher Seite in späterer Zeit der Ueberschuss des Gewährens lag.

Unwillkürlich wird man an das analoge Verhältniss Göthe's zu seinem fürstlichen Freunde erinnert.

Die vorliegende Correspondenz von 83 Schreiben an den Erzherzog, welchen noch 3 andere an den erzherzoglichen Kammerherrn Josef Freiherrn von Schweiger beigelegt waren, bewegt sich nachweislich von 1812 bis 1823, es mögen aber von den datumlosen, unbestimmbaren Billeten eine Anzahl ebensowohl in eine frühere als auch in eine spätere Zeit zu setzen sein. Dass der Erzherzog jede noch so geringfügige Zuschrift, welche nur dadurch eine Bedeutung haben konnte, dass sie von Beethoven kam, auch

---

* In Schindler's Biographie Beethoven's, 2. Aufl. p. 140 f.
** Verz. n. 124 p. 61.

über dessen Ableben sorgfältig bewahrte, beweist schon für sich, welchen Werth der Erzherzog auf alles zu legen gewohnt war, was von Beethoven ausgieng.

Unter den Geschäftsgegenständen, auf welche Beethoven in diesen Briefen wiederholt zurückkommt, sind es besonders das Subventionsgeschäft und die Verhandlungen wegen der Vormundschaft über seinen Neffen, worüber einige Worte zu näherem Verständniss hier folgen sollen.

Geldfragen, wenn sie zugleich Existenzfragen einschliessen, sind für keinen Sterblichen gleichgiltig, noch weniger für einen Künstler, der durch ein unheilbares Leiden in der vollen Ausübung seiner Kunst gehindert wird, am wenigsten für Beethoven, der auch davon abgesehen viel, und wie es scheint nicht ohne Vorliebe mit Geldfragen sich beschäftigte. Es hatte Beethoven im Jahre 1809 einen Ruf nach Westfalen erhalten. Als sich das Gerücht davon verbreitete, so suchte man aus Besorgniss, diesen grossen Meister für Wien zu verlieren, ihn davon abzubringen, diesem Rufe zu folgen, und drei Kunstfreunde aus den höchsten Ständen erboten sich zu diesem Ende, ohne weitere Gegenleistung anzusprechen, zu einer jährlichen Subvention von 4000 fl. Bancozettel, woran Erzherzog Rudolf mit 1500 fl., Fürst Ferd. Franz Jos. Kinsky mit 1800 fl. und Fürst Franz Jos. Lobkowitz mit 700 fl. durch eine schriftliche Erklärung vom Jahre 1809 sich betheiligten. Durch das verhängnissvolle Patent vom Jahre 1811 waren die Bancozettel auf den fünften Theil ihres Nennwerthes gesunken und die vertragsmässigen Zusagen aus früheren Epochen (wie hier von 1809) wurden nach einer bestimmten Scale bemessen. Indessen hatten sich Erzherzog Rudolf und Fürst Lobkowitz sogleich nach dem Erscheinen des Patentes bereit erklärt, den in Bancozetteln zugesagten Betrag auch voll in den neuen Einlösungsscheinen zu gewähren; auch Fürst Kinsky war für seinen Antheil damit einverstanden; allein derselbe starb (13. Nov. 1812) plötzlich an den Folgen eines Sturzes vom Pferde, bevor er die nöthigen Aufträge zur Ausführung dieser Zusage an seine Kasse gegeben hatte. Daraus entwickelten sich die langwierigen Verhandlungen mit der Vormundschaft nach dem verstorbenen Fürsten in Wien und Prag, welche das Vorwort des Erzherzogs wiederholt in Anspruch nahmen und nach mehreren Jahren damit ausgeglichen wurden, dass Beethoven von der Familie als Annuität die Summe von 300 fl. in Silbermünze (nach anderen von 360 fl. in Einlösungsscheinen) erhielt, während der Erzherzog seine zugesicherten 1500 fl. Einlösungsscheine mit den äquivalenten 600 fl. in Silbermünze Beethoven bis an dessen Ende auszahlen liess. Nicht unerwähnt darf das Zeichen des Zartsinnes des Erzherzogs gelassen werden, dass, um alles Beethoven Verletzende fern zu halten, die Quittungen über die behobenen Beträge — des Rechtstitels, woraus sie entsprangen — gar nicht erwähnten.* Die obigen 900 fl. Silbermünze bezog

---

* Eine noch erhaltene, von Beethoven eigenhändig unterzeichnete Empfangsbestätigung lautet: „Quittung. Pr. siebenhundert fünfzig Gulden, von jährlichen 1500 fl., halbjährlich vom 1. März bis 1. August 1810 aus der Kasse Sr. k. k. Hoheit dem durchl. Erzherzog Rudolf richtig erhalten zu haben. Wien, am 1. März 1810.

Ludwig van Beethoven."

Beethoven bis an sein Lebensende, die zugesagte Subvention des Fürsten Lobkowitz wurde aber bei Gelegenheit einer bedeutenden Krisis in den Finanzen des Fürsten etwa im Jahre 1815 sistirt und ist später nach dem Tode des Fürsten (25. December 1816) von der Vormundschaft nicht wieder aufgenommen worden. — Auf diese Angelegenheit beziehen sich Briefe 6, 7, 17, 18, 19.

Die zweite bedeutende Angelegenheit, welche Beethoven so vielen Kummer verursachte, war die Vormundschaft nach dem Tode seines Bruders Karl (gest. 15. November 1815) über dessen zurückgelassenen Sohn gleichen Namens. Zuerst hatte Beethoven einen mehrjährigen gerichtlichen Kampf wegen Uebernahme der Vormundschaft zu bestehen mit der Witwe, welche er übel genug beleumundete und deren Einwirkung auf den jungen Menschen er für absolut verderblich erklärte. Dann war es aber dieser Pflegebefohlene selbst, der ihm endlose Plage und schweren Kummer bereitete. Er war ein eben so begabter als leichtsinniger Junge, der die aufopfernde Liebe seinem Onkel und Vormunde mit schnödem Undanke vergalt, schliesslich aber doch von diesem zum Erben eingesetzt wurde. (Hierauf beziehen sich die Br. 6, 7, 17, 19, 20, 30, 32, 40, 41, 42.)

Anliegen von minderer Bedeutung, wobei die Vermittlung des Erzherzogs in Anspruch genommen wurde, treten in diesen Briefen nicht selten auf. So bittet Beethoven um die Intervention des Erzherzogs zu seinen 2 Concerten den grossen Saal im Universitätsgebäude zu erhalten (Br. 8, 9), ferner wünscht er, dass der Erzherzog das Erscheinen des

Hofes bei seiner Benefice-Vorstellung des Fidelio vermittle (Br. 13, 14), — dann ersucht er um die Verwendung des Erzherzogs in der Angelegenheit Kinsky in Prag (Br. 17, 20), ebenso, dass der Grossherzog von Toscana und der König von Sachsen bestimmt werden, auf die grosse Messe zu subscribiren (Br. 60) — und der Erzherzog ein Zeugniss ausstelle in Betreff eben dieser Messe (Br. 61). — Endlich verwendet sich Beethoven wegen einer Wohnung für den Violoncellspieler Krafft (Br. 29), für einen ungenannten Claviermacher wegen Abnahme von Instrumenten (Br. 33), — für den Kapellmeister Drechsler wegen einer Hoforganistenstelle (Br. 64, 65) u. dergl.

Da die Beethoven im Jahre 1809 von den drei Fürsten zugesicherte Subvention ohne alle Gegenleistung gewährt wurde, so lässt sich bei der Delicatesse des Erzherzogs mit grösster Wahrscheinlichkeit annehmen, dass er die Ertheilung von Unterricht und die Arrangirung von Musiken in seinen Appartements ohne besondere Entschädigung sicher nicht angesprochen habe. Für ein erhaltenes Geschenk nach einem Concert dankt ausdrücklich der Br. 18. — Ein ähnliches Bewandtniss ist wohl auch bei den oft wiederkehrenden Fällen der Dedicationen der Werke Beethoven's anzunehmen. Denn ungeachtet derselbe sich dagegen verwahrt (oder vielleicht eben desswegen?), dass er bei der Dedication „nichts weiter beabsichtige", * wird der immer grossmüthige Erzherzog eine solche Aufmerksamkeit nicht ohne entsprechende Anerkennung gelassen

---

* Br. 31.

haben. Der Fall der Dedication wiederholte sich bei 9 bedeutenden Werken,* von denen in den Briefen jedoch nur von der Widmung des Trio Op. 97 (Br. 23), der Sonate Op. 96 (Br. 33), der Sonate Op. 106 (Br. 49), der Sonate Op. 111 (Br. 59, 60) und der D-Messe Op. 123 (Br. 61) die Rede ist. — Gelegentlich der Dedication des Trio schreibt Beethoven: „Ich überschicke hier die Zueignung des Trio an I. K. H.; auf diesem steht es, aber alle Werke, worauf es nicht angezeigt ist, und die mir einigen Werth haben, sind E. K. H. zugedacht." (Br. 23.)

Der Compositionen Beethoven's, besonders der eben fertig gewordenen wird aus den verschiedensten Anlässen gedacht, bald um sie für den Erzherzog abschreiben zu lassen, um sie zu entlehnen, bald als in Arbeit genommen oder in Aussicht gestellt: am öftesten kommt er auf die grosse D-Messe zurück, welche zwei Jahre post festum fertig wurde. Auch zwei, weder in Breitkopf-Härtel's oder Thayer's Verzeichniss aufgeführter, noch sonst bekannter Compositionen wird erwähnt: einer Musik, die Beethoven

---

* Dem Erzherzog sind gewidmet:

  a. 4. Concert f. PF. . . . (G dur) Op. 58 erschien 1808.
  b. 5.   do. . . . . . (Es dur) — 73 — 1811.
  c. Char. Sonate f. PF. . (Es dur) — 81a — 1811.
  d. Son. f. PF. u. Violine (G dur) — 96 — 1816.
  e. Trio f. PF., V. u. Vclle. (B dur) — 97 — 1816.
  f. Son. f. Hammer-Clav. (B dur) — 106 — 1819.
  g. Son. f. PF. . . . . . (C moll) — 111 — 1823.
  h Missa solemnis . . . (D dur) — 123 — 1827.
  i. Fuge f. 2 Viol., Br., Vclle (B dur) — 133 — 1825?

über Aufforderung des Erzherzogs für eine „Pferdproduction" (Carroussel?) componiren soll (Br. 15) und eines Canons „Grossen Dank, ∻ ∻" (Br. 64, 65.) Am Schluss der Anmerkungen sind alle in den Briefen erwähnten Compositionen zusammengestellt.

Ueberhaupt geht aus den Briefen hervor, dass jedes neu entstandene Werk Beethoven für den Erzherzog abschreiben liess (Br. 26), wenn es nicht sogleich gestochen wurde. Die Rudolfinische Sammlung, welche als Vermächtniss des Erzherzogs an die Gesellschaft der Musikfreunde in Wien gelangte, kann davon Beweise genug liefern.

Die Musiken, welche Beethoven beim Erzherzog zu arrangiren hatte, bewegten sich wohl grösstentheils um des Meisters eigene Werke. Brief 4, 5 spricht davon, dass Beethoven mit dem Violinspieler Rode beim Erzherzog spielen werde, in den Briefen 46, 47, 48, 54 ist von kleinen Orchestern unter Wranitzky's Leitung die Rede, welche Symphonien Beethoven's aufzuführen die Aufgabe hatten.

Aus der Correspondenz wird nicht klar, dass Beethoven dem Erzherzog im Clavierspiele Unterricht gab, darin scheint der Erzherzog damals bereits bedeutend vorgeschritten gewesen zu sein. Noch lebenden Ohrenzeugen zufolge spielte der Erzherzog öfter in den Kreisen der höheren Gesellschaft, also auch wahrscheinlich bei den Musiken des Fürsten Lobkowitz, worauf Br. 3 anzuspielen scheint, wenn er sagt: „E. K. H. würden vielleicht nicht unrecht handeln, wenn Sie diesesmal in Rücksicht der Lobkowitzischen Concerte eine Pause machten: auch das glänzendste Talent kann durch Gewohnheit verlieren."

Obwohl angenommen werden kann, dass es Beethoven Ernst war, wenn er so oft betheuert, dass ihm nichts angenehmer sein könne, „als dem Erzherzog durch seine Kunst ein Vergnügen zu bereiten," — insofern man diess auf die musicalischen Productionen seiner Werke vor dem Erzherzoge bezieht; so dürfte sich die Sache anders gestalten, wenn es sich um den Unterricht in der Compositionskunst handelt. Erregten nicht die grosse Zahl der Entschuldigungen seines Wegbleibens von den Lectionen — 40 und mehr Briefe von 80 enthalten dergleichen — einigen Verdacht, dass diese Entschuldigungen nicht immer stichhältig waren, so würde man durch Beethoven selbst in seinen eigenen Briefen auf eine ähnliche Meinung gebracht, da er ärztliche Zeugnisse* beibringt, die der Erzherzog gewiss nicht von ihm erwartete — da er wiederholt zugibt, dass der Schein wider ihn sei,** es stehe nicht so schlimm mit seiner Gesundheit, als er angibt. Was ihm entschieden lästig war, bestand in seinem Widerwillen, zu bestimmten Thätigkeiten genöthigt zu werden; von solcher Art war ganz besonders der Unterricht, und daraus vorzüglich der Unterricht in der Theorie des strengen Satzes, die bekanntlich nicht seine Stärke war, und wozu er besondere Vorbereitungen bedurfte. — Enthu-

---

* Br. 66.
** Br. 26.

siastische Freude äusserte er hingegen, als der Erzherzog Variationen für Clavier über ein von Beethoven gegebenes Thema seinem Meister dedicirte und sich auf dem gedruckten Titel als „dessen Schüler" bekannte.* Ueberschwänglich lassen sich Beethoven's Briefe 37, 38, 39, 43, 45 darüber aus, er nennt darin „die Variationen ein Meisterwerk", den Erzherzog „einen Mitstreiter um die Lorbeern des Ruhmes", „seinen erhabenen Schüler einen Musengünstling" und fährt dann fort (Br. 38): „Meinen Dank für diese Ueberraschung und Gnade (die Dedication), womit ich beehrt bin worden, wage ich weder mündlich noch schriftlich auszudrücken, da ich zu tief stehe, auch, wenn ich es wollte, oder es noch so heiss wünschte, Gleiches mit Gleichem vergelten."** Der Erzherzog hatte noch andere Variationen für Clavier componirt, von denen die Briefe 60, 61, 62 sagen, dass sie „allerliebst" seien und Musikfreunden Unterhaltung verschaffen werden; sie wurden aber nicht veröffentlicht. Dagegen erschien bei Haslinger eine Sonate des Erzherzogs, für Clavier und Clarinette, dem Kammerherrn Graf Ferdinand Troyer zugeeignet, welcher die Clarinette sehr hübsch spielte.

Bemerkenswerth mit Beziehung auf den Unterricht sind die Briefe 43 und 44, in welchen Beethoven das Studium

---

* Sie erschienen bei Haslinger mit dem Titel: „Aufgabe von Ludwig van Beethoven gedichtet, vierzigmal verändert und ihrem Verfasser gewidmet von seinem Schüler R. E. H.

** Wie ist diese Phrase mit den von Schindler ausposaunten republicanischen Gesinnungen Beethoven's in Einklang zu bringen?

Händel's und J. Seb. Bach's empfiehlt, mit einigen leider ganz unverständlichen (wenngleich gut lesbaren) Beisätzen; ferner Br. 60, wo er dem Erzherzog räth, beim Clavier „seine Einfälle kurz, flüchtig niederzuschreiben. Durch dergleichen wird die Phantasie nicht allein gestärkt, sondern man lernt auch, die entlegensten Ideen augenblicklich festzuhalten. Ohne Clavier zu schreiben ist ebenfalls nöthig . . . . wenn man sich so selbst mitten in der Kunst erblickt, verursacht es ein grosses Vergnügen. Nach und nach entsteht die Fähigkeit, gerade nur das, was wir wünschen, fühlen, darzustellen, ein dem edleren Menschen so sehr wesentliches Bedürfniss."

An der Wahrheit der Anhänglichkeit Beethoven's an den Erzherzog ist durchaus nicht zu zweifeln, wenn auch die Briefe 36, 38, 49, 50, 60 u. a. nicht vorlägen, welche mit dem Ausdruck der grössten Wärme dieses Gefühl aussprechen; nicht minder seine oft geäusserte Theilnahme an den immer sich wiederholenden Anfällen von schweren Nervenleiden, von denen der Erzherzog erst durch den Tod befreit wurde.* Es wäre auch schwer gewesen, gegenüber der unsäglichen Milde und Nachsicht des Erzherzogs mit den Eigenthümlichkeiten Beethoven's dafür unempfindlich zu sein; und doch macht sich einmal, aber auch nur einmal des Meisters überreizte Empfindlichkeit Luft,** als er „bei der Aussuchung der Musik in Wien von Sr. Excellenz dem Herrn Obristhofmeister

---

* Br. **6, 8, 39, 52, 53** u. a.
** Br. **43**.

einigen Widerstand fand", worauf er gegen den Erzherzog, der gar nicht dabei betheiligt war, fortfährt: „Soviel muss ich sagen, dass durch dergleichen mancher talentvolle, gute und edle Mensch sich würde von I. K. H. zurückschrecken lassen, wenn er nicht das Glück hätte, Ihre vorzüglichen Eigenschaften des Geistes und Herzens in der Nähe kennen zu lernen." Man sieht, wie schwierig es selbst dem Erzherzog bisweilen werden musste, mit Beethoven den Landfrieden immer zu bewahren.

Gelegentliche Notizen über Personen und Ereignisse sind in den Briefen wiederholt eingestreut. So wird der Begegnung mit Göthe in Töplitz im Jahr 1812 flüchtig erwähnt (Br. 2), aus eben demselben Briefe erfahren wir auch von einem bisher unbekannten Concerte, das Beethoven mit dem Violinspieler Polledro in Karlsbad (?) zum Vortheile der eben abgebrannten Stadt Baden gab. Pikant ist sein Urtheil über den Violinspieler Rode (Br. 4, 5), — ferner geschieht Erwähnung der Sängerin Milder (Br. 13) und der Opernsänger J. M. Vogel und Forti (Br. 14), welche damals im Fidelio mitwirkten, ebenso des Kapellmeisters A. Wranitzky (Br. 47).

Was die äussere Form der Briefe anbelangt, so sind sie gewöhnlich in Quart auf sehr ungleichem meistens grobem Papier geschrieben, öfters mit der Adresse auf der letzten Seite versehen. Die Schriftzüge sind die bekannten Beethoven'schen, welche nur zwischen mehr oder minder schwer lesbar abwechseln. Dennoch gelang es, nichts Zweifelhaftes im Texte übrig zu lassen; öfter aber, wenn der Schreiber sich hinaufzuschrauben suchte, und besondere Anläufe machte, etwas Bedeutendes zu sagen, wurde er einfach unverständlich, wobei wir die Conjecturen über das, was er gemeint haben konnte, dem geneigten Leser überlassen mussten. Die Anrede der Briefe lautet ohne Ausnahme: „Ihro Kaiserliche Hoheit", der Schluss: „Ihro Kaiserliche Hoheit unterthänigster — oder treuergebenster — oder gehorsamster Diener Ludwig van Beethoven." — Die Monotonie zu vermeiden, wurde Anrede und Schluss überall fortgelassen. Die 3 Briefe, welche an den erzherzoglichen Kammerherrn Jos. Freih. v. Schweiger gerichtet sind, wurden bei jedem einzelnen in der Ueberschrift angemerkt, während die übrigen 83 an den Erzherzog ohne Ueberschrift gelassen wurden. Der grösste Theil der Briefe ist ohne Datum, bei der Mehrzahl derselben konnte aus dem Inhalte das Datum theils mit Gewissheit, theils mit Wahrscheinlichkeit herausgebracht werden und ist zwischen Klammern bemerkt. Diess gilt von den Briefen 1 bis 66; dennoch glaubte man in deren Aufeinanderfolge mehr die Zusammengehörigkeit dem Inhalte nach als das Datum zur Richtschnur nehmen zu sollen, die Entschuldigungsbillete von 67 bis 86, deren Datum ganz unbestimmbar war, liess man alle aufeinander folgen; ohnehin wurden sie bei der geringen Bedeutung ihres Inhaltes grossentheils nur mit Rücksicht auf diejenigen Verehrer Beethoven's aufgenommen, welche keine Zeile ihres Meisters vorenthalten wissen wollen.

In der Orthographie und Interpungirung hat man sich die bescheidenste Freiheit erlaubt.

Schliesslich bemerke ich, dass mit dem Citat „Thayer" dessen eben erschienenes, sehr verdienstliches „Chronologisches Verzeichniss der Werke Beethoven's" gemeint sei, worin ich über viele Punkte willkommene Belehrung fand. Die Opuszahlen sind nach Breitkopf-Härtel's thematischem Verzeichnisse der Werke Beethoven's angenommen.

Beethoven's Briefe.

1.

An den erzherzogl. Kammerherrn Josef Freih. v. Schweiger.

(1812.) [1]

Der Kleinste aller Kleinen war eben beim Gnädigsten Herrn, wo alles zugesperrt war, dann hier, wo alles offen aber Niemand als der treue Diener war. — Ich hatte einen dicken Pack Musikalien bei mir, um noch zu guter Letzt einen guten musikalischen Abend zu prokuriren — nichts — Malfatti [2] will durchaus, dass ich nach Töplitz soll, das mir nun gar nicht lieb (ist). — Ich hoffe wenigstens, ich kann mir nicht helfen, dass sich der Gnädigste Herr nicht so ganz gut unterhalten soll ohne mich — o Vanitas — es ist nicht anders. — Ehe ich nach Töplitz reise, besuche ich Sie in Baden oder schreibe. — Leben Sie wohl, alles Schöne dem Gnädigsten, halten Sie lieb

Ihren Freund

Beethoven.

2.

Franzensbrunn am 12. August 1812.

Schon lange wäre es meine Pflicht gewesen, mich in Ihr Gedächtniss zurück zu rufen, allein theils meine Beschäftigung meiner Gesundheit halber, theils meine Unbedeutenheit liess mich hierin zaudern. — In Prag verfehlte ich I. K. H. gerade um eine Nacht; denn indem ich mich Morgens zu Ihnen verfügte, um Ihnen aufzuwarten, waren Sie eben die Nacht vorher abgereist. In Töplitz hörte ich alle Tage 4mal türkische Musik, den einzigen musikalischen Bericht, den ich abstatten kann. Mit Goethe[3] war ich viel zusammen. Von Töplitz aber beorderte mich mein Arzt Staudenheim[4] nach Karlsbad, von da hierhin, und vermuthlich dürfte ich von hier noch einmal nach Töplitz zurück — welche Ausflüge! und doch noch wenig Gewissheit über die Verbesserung meines Zustandes! Von I. K. H. Gesundheits-Umständen habe ich bisher noch immer die beste Nachricht erhalten, auch von der fortdauernden Gewogenheit und Ergebenheit, welche Sie der musikalischen Muse bezeigen. — Von einer Akademie, welche ich zum Besten der abgebrannten Stadt Baden[5] gegeben, mit Hilfe des Herrn Polledro[6], werden I. K. H. gehört haben. Die Einnahme war beinahe 1000 fl. W. W. und wäre ich nicht genirt gewesen in der besseren Anordnung, so dürften leichtlich 2000 fl. eingenommen worden sein. — Es war eigentlich ein armes Konzert für die Armen. Ich fand beim Verleger hier nur von meinen früheren Sonaten mit Violine, da dieses Polledro durchaus wünschte, musste ich mich eben bequemen, eine alte Sonate⁷ zu spielen. — Das ganze Konzert bestand aus einem Trio von Polledro gespielt, der Violin-Sonate von mir, wieder etwas von Polledro gespielt, und dann fantasirt von mir. — Unterdessen freue ich mich wahrhaft, dass den armen Badnern etwas dadurch zu Theil geworden. — Geruhen Sie meine Wünsche für Ihr höchstes Wohl und die Bitte, zuweilen meiner gnädig zu gedenken, anzunehmen.

3.

(1813.) ⁸

Ich bin schon seit Sonntag nicht wohl, zwar mehr geistig als körperlich. Ich bitte tausendmal um Verzeihung, wenn ich mich nicht früher entschuldigt, doch hatte ich jeden Tag den besten Willen aufzuwarten, aber der Himmel weiss es, trotz dem besten Willen, den ich für den besten Herrn habe, hat es mir nicht gelingen wollen — so weh es mir auch thut, dem nicht alles aufopfern zu können, für den ich das höchste Gefühl der Hochachtung und Liebe und Verehrung habe. — Seine Kaiserl. Hoheit würden vielleicht selbst nicht Unrecht handeln, wenn Sie diesesmal in Rücksicht der Lobkowitzischen Konzerten eine Pause machten: auch das glänzendste Talent kann durch Gewohnheit verlieren.

4.

(1813.) ⁹

Morgen in der frühesten Frühe wird der Copist an dem letzen Stück anfangen können, da ich selbst unter-

dessen noch an mehreren andern Werken schreibe, so habe
ich um der blossen Pünktlichkeit willen mich nicht so sehr
mit dem letzten Stücke beeilt, um so mehr, da ich dieses
mit mehr Ueberlegung in Hinsicht des Spiels von Rode [10]
schreiben musste; wir haben in unseren Finales gern rau-
schendere Passagen, doch sagt diess R. nicht zu und —
schenirte mich doch etwas. — Uebrigens wird Dienstags
alles gut gehn können. Ob ich diesen Abend bei Ihro
Kaiserl. Hoheit erscheinen kann, nehme ich mir die Freiheit zu zweifeln trotz meinem Diensteifer; aber dafür
komme ich morgen Vormittag, morgen Nachmittag, um
ganz die Wünsche meines erhabenen Schülers zu erfüllen.

5.

(1813.) [11]

Ich war eben gestern ausgegangen, als Ihr Gnädiges
Schreiben bei mir anlangte. — Was meine Gesundheit anbelangt, so ist's wohl dasselbe, um so mehr, da hierauf
moralische Ursachen wirken, die sich so bald nicht scheinen heben zu wollen; um so mehr, da ich nur alle Hülfe
bei mir selbst suchen und nur in meinem Kopf die Mittel
dazu finden muss; um so mehr, da in der jetzigen Zeit
weder Wort, weder Ehre, weder Schrift jemanden scheint
binden zu müssen. — Was meine Beschäftigungen anbelangt, so bin ich mit einem Theile derselben am Ende,
und würde auch ohne Ihre Gnädige Einladung schon heute
mich um die gewohnte Stunde eingefunden haben. —
Roden [10] anbelangend haben I. Kais. H. die Gnade, mir
die Stimme durch Ueberbringer dieses übermachen zu

lassen, wo ich sie ihm sodann mit einem Billet doux von mir schicken werde. **Er wird das die Stimme schicken gewiss nicht übel aufnehmen, ach gewiss nicht! Wollte Gott, man müsste ihn deshalb um Verzeihung bitten, wahrlich die Sachen ständen besser.** — Gefällt es ihnen, dass ich diesen Abend um 5 Uhr, wie gewöhnlich komme, oder befehlen I. K. H. eine andere Stunde, so werde ich, wie immer darnach trachten, aufs pünktlichste Ihre Wünsche zu erfüllen.

6.

Baden, am 27. Mai 1813.

Ich habe die Ehre, Ihnen meine Ankunft in Baden zu melden, wo es zwar noch sehr leer an Menschen, aber desto völler, angefüllter, und in Ueberfluss in hinreissender Schönheit pranget die Natur. — Wenn ich irgendwo fehle, gefehlt habe, so haben Sie Gnädigst Nachsicht mit mir, indem so viele auf einander gefolgte fatale Begebenheiten mich wirklich in einen beinahe verwirrten Zustand versetzt; doch bin ich überzeugt, dass die herrlichen Naturschönheiten, die schönen Umgebungen von hier mich wieder ins Geleise bringen werden, und eine doppelte Beruhigung wird sich meiner bemeistern, da ich mit meinem hiesigen Aufenthalte den Wünschen I. K. H. zugleich entspreche. — Würde mir auch mein Wunsch, Sie bald in vollkommenem Gesundheits-Zustande zu wissen, erfüllt! Es ist in der That mein heissester Wunsch, und wie sehr betrübt es mich, dass ich eben jetzt nichts zu Ihrer Besserung zu Ihrem Wohlbefinden vermittelst meiner Kunst beitragen darf und kann; nur der Göttin Higea ist dieses vorbehalten, bin ich doch nichts als ein armer Sterblicher, der sich I. K. H. empfiehlt und sehr wünscht sich Ihnen bald hier nahen zu dürfen. —

7.

Wien, am 24. Juli 1813.

Von Tag zu Tag glaubte ich wieder nach Baden zurükkehren zu können, unterdessen kann es sich wohl noch mit diesen mich hier aufhaltenden Dissonanzen verziehen bis Ende künftiger Woche. — Für mich ist der Aufenthalt in Sommerszeit in der Stadt Qual, und wenn ich bedenke, dass ich noch dazu verhindert bin, I. K. H. aufwarten zu können, so quält er und ist mir noch mehr zuwider. Unterdessen sind es eigentlich die Lobkowitzischen und Kinsky'schen [11] Sachen, die mich hier halten; statt über eine Anzahl Täkte nachzudenken, muss ich mir immer eine Anzahl Gänge, die ich zu machen habe, vormerken; ohne dieses würde ich das Ende dorten kaum erleben. — Lobkowitzens Unfälle [12] werden I. K. H. vernommen haben. Es ist zu bedauern, aber so reich zu sein, ist wohl kein Glück! Graf Fries soll allein 1900 ♯ in Gold an Duport bezahlt haben, wobei ihm das alte Lobkowitzische Haus zum Pfand dienen musste. Die Details sind über allen Glauben. — Graf Rasumovsky, [13] höre ich, wird nach Baden kommen und sein Quartett mitbringen, welches ganz hübsch wäre, indem I. K. H. dabei gewiss eine schöne Unterhaltung finden werden. Auf dem Lande weiss ich keinen schöneren Genuss als Quartett-Musik. Nehmen I. K. H. meine innigsten Wünsche für Ihre Gesundheit gnädig auf, und bedauern Sie mich, in so widerwärtigen Verhältnissen hier zubringen zu müssen. Unterdessen werde ich alles, was Sie allenfalls dabei verlieren, in Baden doppelt einzuholen mich bestreben. —

8.

(1813.) [14]

Ich frage mich an, ob ich, nun ziemlich wieder hergestellt, Ihnen diesen Abend aufwarten soll? — Zugleich nehme ich mir die Freiheit, Ihnen eine gehorsamste Bitte vorzulegen. Ich hoffte, dass wenigstens bis jetzt meine trüben Umstände sich würden erheitert haben, allein — es ist noch alles im alten Zustande, daher musste ich den Entschluss fassen, 2 Akademien zu geben. [15] Meine früheren Entschlüsse dergleichen bloss zu einem wohlthätigen Zweck zu geben, musste ich aufgeben, denn die Selbsterhaltung heischt es nun anders. — Der Universitäts-Saal wäre am Vortheilhaftesten und Ehrenvollsten für mein jetziges Vorhaben und meine gehorsamste Bitte besteht darin, dass I. K. H. die Gnade hätten, nur ein Wort an den dermaligen rector magnificus der Universität durch den Baron Schweiger gelangen zu lassen, wo ich denn gewiss diesen Saal erhalten würde. — In der Erwartung einer Gnädigen Bewilligung meiner Bitte verharre ich etc.

9.

An den Freiherrn Josef von Schweiger.

(1813.) [14]

Lieber Freund! ich habe heute den Gnädigsten Herrn und zwar schriftlich gebeten, sich für mich zu verwenden, dass ich den Universitätsaal für zwei Akademien, welche ich gedenke zu geben und geben muss, da alles noch im alten, erhalte. — Da ich Sie, sei es auch, was das Glück oder Unglück herbeigeführt, noch immer für meinen besten Freund halte, so habe ich den Erzherzog gebeten, dass Sie sich in seinem Namen deshalb bei dem jetzigen Rector der U. für mich verwenden möchten. — Wie auch dieses ausfalle, so bitte ich Sie, mir baldmöglichst den Entschluss unseres Gnädigsten Herrn bekannt zu machen, damit ich ferner suche, wie ich mich aus dieser fatalen Lage für mich und meine Kunst herauswinde. — Diesen Abend komme ich zum Erzherzog.

Ihr Freund

Beethoven.

10.

(1814.) [16]

Ich bitte dem Ueberbringer dieses mir auf einen halben Tag die Partitur des Schlusschors [17] zukommen zu lassen — da die Partitur des Theaters so schlecht geschrieben.

11.

(1814.) [16]

Da ich eben erst die Partitur von dem Schlusschor [17] erhalte, so bitte ich desswegen um Verzeihung, dass Sie ihn so spät erhalten. I. K. H. thun wohl am besten ihn abschreiben zu lassen, da die Partitur wohl so wegen dem Format nicht brauchbar ist. — Ich wollte selbst der Ueberbringer sein, allein seit Sonntag bin ich wieder mit einem Katarrh behaftet, der mich recht hernimmt, und wobei ich mich nur ganz leidend verhalten muss. — Kein grösseres Vergnügen ist für mich, als wenn I. K. H. an etwas Freude von mir finden. — Ich hoffe nächstens Ihnen selbst aufwarten zu können, und bitte bis dahin mich in Ihrem Gnädigen Andenken zu behalten.

12.

(1814.) [16]

Das Lied Germania [17] gehört der ganzen Welt, die Theil daran nimmt — und Ihnen — vor allen andern, wie auch ich. — Glückliche Reise nach Palermo.

13.

(1814.)

Ich hoffe Verzeihung zu erhalten wegen meinem Ausbleiben. Ihre Ungnade würde mich unschuldig treffen; in einigen Tagen werde ich alles wieder einholen. — Man will meine Oper Fidelio[18] wieder geben. Dieses macht mir viel zu schaffen, dabei bin ich trotz meinem guten Aussehen nicht wohl. — Zu meiner 2. Akademie[19] sind auch schon zum Theil die Anslalten getroffen, ich muss für die Milder[20] etwas neues hierzu schreiben. — Ich höre unterdessen, welches mein Trost ist, dass sich I. K. H. wieder besser befinden; ich hoffe bald wieder, wenn ich mir nicht zu viel schmeichle, dazu beitragen zu können. Unterdessen habe ich mir die Freiheit genommen, dem Mylord Falstaff[21] anzukündigen, dass er bald die Gnade haben werde, vor I. K. H. zu erscheinen. —

14.

Wien, am 14. Juli 1814.

Ich höre, so oft ich mich wegen Ihrem Wohl erkundige, nichts als erfreuliches. — Was mein geringes Wesen anbelangt, so war ich bisher immer verbannt, Wien nicht verlassen zu können, um mich leider I. K. H. nicht nahen zu können, so wie auch des mir so nöthigen Genusses der schönen Natur beraubt. — Die Theaterdirection ist so ehrlich, dass sie schon einmal wider alles gegebene Wort, meine Oper Fidelio,[18] ohne meiner Einnahme zu gedenken, geben liess. Diese liebreiche Ehrlichkeit würde sie auch zum zweitenmal jezt ausgeübt haben, wäre ich nicht wie ein ehemaliger französischer Douanenwächter auf der Lauer gestanden. — Endlich mit einigen ziemlich mühsamen Bewerbungen kam es zu Stände, dass meine Einnahme der Oper Fidelio Montags den 18. Juli statt hat.

— Diese Einnahme ist wohl mehr eine Ausnahme in dieser Jahreszeit, allein eine Einnahme für den Autor kann oft, wenn das Werk einigermassen nicht ohne Glück war, ein kleines Fest werden. — Zu diesem Feste ladet der Meister Seinen erhabenen Schüler gehorsamst ein, und hofft — ja ich hoffe, dass sie Ihro Kaiserl. Hoheit gnädig aufnehmen und durch ihre Gegenwart alles verherrlichen. — Schön würde es sein, wenn I. K. H. noch die andern Kaiserlichen Hoheiten zu bereden suchten, dieser Vorstellung meiner Oper beizuwohnen. — Ich werde selbst hier, das was die Ehrerbietung hierin gebeut, beobachten. — Durch Vogels[22] Krankheit konnte ich meinem Wunsche, Forti[23] die Rolle des Pizarro zu übergeben, entsprechen, da seine Stimme hiezu geeigneter — allein es sind daher auch nun täglich Proben, welche zwar sehr vortheilhaft für die Aufführung wirken werden, mich aber ausser Stand setzen werden, noch vor meiner Einnahme I. K. H. in Baden aufwarten zu können. — Nehmen Sie mein Schreiben gnädig auf, und erinnere sich I. K. H. gnädigst meiner mit Huld.

15.

(1814.)

Ich merke es, Euer kaiserl. Hoheit wollen meine Wirkungen der Musik auch noch auf die Pferde[24] versuchen lassen. Es sei, ich will sehen, ob dadurch die Reitenden einige geschickte Purzelbäume machen können. — Ei, Ei! ich muss doch lachen, wie Eure Kaiserl. Hoheit auch bei dieser Gelegenheit an mich denken; dafür werde auch ich Zeitlebens sein etc.

Die verlangte Pferde-Musik wird mit dem schnellsten Galopp bei Euer Kaiserl. Hoheit anlangen.

16.

(1814.)

Für heute ist es mir nicht möglich, Ihnen meinem Wunsche gemäss aufzuwarten; ich besorge das Werk auf Wellington's Sieg [25] nach London, dergleichen habe immer nur festgesetzte Zeittermine, die man nicht versäumen darf, ohne alles versäumt zu haben. — Morgen hoffe ich E. K. H. aufwarten zu dürfen. —

17.

(Fremde Hand.) Im December 1814.

Sie sind so gnädig mit mir, wie ich es auf keine Weise je verdienen kann. — Ich statte I. K. H. meinen unterthänigsten Dank ab für ihre Gnädige Verwendung wegen meiner Angelegenheit in Prag. [26] — Die Partitur von der Käntate [27] werde ich auf's pünktlichste besorgen. — Wenn ich noch nicht zu I. K. H. gekommen, so verzeihen Sie mir schon gnädigst. Nach dieser Akademie für die Armen kommt eine im Theater, [28] gleichfalls zum Besten des impressario in angustia, weil man so viel rechtliche Scham empfunden hat, mir das Drittheil und die Hälfte nachzulassen — hiefür habe ich einiges neue im Werke — dann handelt sich's um eine neue Oper[29] — wo ich mit dem Sujet dieser Tage zu Stande komme — dabei bin ich auch wieder nicht recht wohl — aber in einigen Tagen frage ich mich bei I. K. H. an. Wenn ich nur auch helfen könnte, so wäre einer der ersten und sehnlichsten Wünsche meines Lebens erfüllt. —

18.

(1814.)

Meinen grössten Dank für Ihr Geschenk.[30] — Ich bedaure nur, dass Sie nicht an der Musik Antheil nehmen konnten. — Ich habe die Ehre Ihnen hier die Partitur der Kantate[27] zu übermachen. — Ihro Kaiserliche Hoheit können sie mehrere Tage bei sich behalten, hernach werde ich sehn, dass sie so geschwinde als möglich für Sie kopiert werde. — Noch erschöpft von Strapatzen, Verdruss, Vergnügen und Freude! alles auf einmal durcheinander werde ich die Ehre haben I. K. H. in einigen Tagen aufzuwarten. — Ich hoffe günstige Nachrichten von dem Gesundheitszustand I. K. H.; wie gerne wollte ich viele Nächte ganz opfern, wenn ich im Stande wäre, Sie gänzlich wiederherzustellen! —

19.

(1814.)[31]

Mit wahrem Vergnügen sehe ich, dass ich meine Besorgnisse um Ihr höchstes Wohl verscheuchen kann. Ich hoffe für mich selbst (indem ich mich immer wohl befinde, wenn ich im Stande bin, I. K. H. Vergnügen zu machen), dass auch meine Gesundheit sich ganz herstellt aufs geschwindeste, und dann werde ich sogleich eilen, Ihnen und mir Genugthuung für die Pausen zu verschaffen. — Was Fürst Lobkowitz anbelangt, so pausirt er noch immer gegen mich, und ich fürchte, er wird nie richtig mehr eintreffen — und in Prag (du lieber Himmel, was die Geschichte von Fürst Kinsky anbelangt) kennen sie noch kaum den Figuralgesang; denn sie singen in ganz langen langsamen Choralnoten, worunter es welche von 16 Täkten |═══════| gibt. — Da sich alle diese Dissonanzen scheinen sehr langsam auflösen zu wollen, so ist's am besten, solche hervorzubringen, die man selbst auflösen kann — und das Uebrige dem unvermeidlichen Schicksal anheim zu stellen. — Nochmals meine grosse Freude über die Wiederherstellung Ihrer Kaiserlichen Hoheit. —

20.

(1815.) [32]

Da Sie die Gnade hatten, mir sagen zu lassen durch Herrn Grafen Troyer, [33] dass Sie einige Zeilen wegen meinen Angelegenheiten in Prag an den Oberstburggrafen Kolowrat gnädigst beifügen wollten, so nehme ich mir die Freiheit, mein Schreiben an den Grafen K. beizufügen. — Ich glaube nicht, dass es etwas Anstössiges für I. K. H. (enthält), ohnehin wird es nicht bei den Einlösungsscheinen bleiben, [34] wozu sich trotz allen Beweisen die Vormundschaft nicht herbeilassen würde. Unterdessen lässt sich hoffen, dass bei den Schritten, die einstweilen auf die freundschaftlichste Art, **nicht gerichtlich** geschehen sind, wenigstens ein günstigeres Resultat sich herbeiführen lässt, so zum Beispiel: ein erhöhter Betrag der Scala. — Allein wenn Ihre Kaiserl. Hoheit mir einige Worte entweder selbst oder in Ihrem Namen schreiben lassen, wird die **Sache gewiss mehr beschleunigt werden**; welches die Ursache ist, weswegen ich I. K. H. gebeten habe und wieder innigst bitte, diesem Ihrem mir gnädigst ertheilten Versprechen nachzukommen. —

Es sind nun 3 Jahre, dass diese Sache — noch unentschieden ist.

21.

(1814.)

Schon über vierzehn Tage bin ich wieder mit meinem mich plagenden Kopfweh behaftet; immer habe ich gehofft, es wird besser werden, aber vergebens. Doch nun mit dem bessern Wetter verspricht mir mein Arzt baldige Besserung. Da ich mit jedem Tage glaubte, es sei der letzte meines Uebels, so habe ich nichts deswegen zu wissen gemacht, auch selbst, weil ich glaubte, dass da Ihro Kaiserl. Hoheit so lange nicht um mich geschickt hatten, Sie mich selbst nicht brauchten. — Während der Festlichkeiten der Prinzessin von Baden [35] wegen und dem wehen Finger von Ihro Kaiserl. Hoheit fing ich an etwas fleissig zu arbeiten, wovon unter andern auch ein neues Trio die Frucht ist für's Piano. [36] Sehr beschäftigt mit mir selbst, glaubte ich nicht, dass Ihro Kais. Hoh. auf mich ungehalten sein, wie ich nun doch beinahe glauben muss. — Unterdessen hoffe ich mich bald selbst vor Ihr Tribunal verfügen zu können.

22.

(1814)

Ich bitte, dass Sie die Gnade haben, mir das Trio aus B [36] mit den Stimmen, wie auch von der Violin-Sonate in G [37] beide Stimmen zustellen zu lassen, indem ich sie nur geschwinde für mich abschreiben lasse, da ich meine Partituren unter vielen andern nicht gleich herausfinden kann. — Ich hoffe, dass das schlimme Wetter keinen bösen Einfluss auf die Gesundheit I. K. H. haben werde; mich bringt es aber immer ein wenig aus dem Takt. — In 3 höchstens 4 Tägen werde ich die Ehre haben, beide Werke wieder an Ihren gehörigen Platz zu besorgen. —

Dauern die musikalischen Pausen noch immer fort?

23.

(1815.)

Ich hörte gestern, und was es mir bestätigte die Begegnung des Gr. Troyer, dass I. K. H. wieder hier sind. — Ich überschicke hier die Zueignung des Trio [36] an I. K. H., auf diesem steht es, aber alle Werke, worauf es nicht auch angezeigt ist und die mir einigen Werth haben, sind I. K. H. zugedacht. Uebrigens denken Sie an keine Absicht dabei von mir. Da aber die grossen Herren schon gewohnt sind, irgend bei dergleichen Eigennutz zu vermuthen, so will ich diesesmal auch dieses Vorurtheil von mir scheinen lassen, indem ich mir nächstens von I. K. H. eine Gnade zu erbitten habe, deren gegründete Ursachen Sie wahrscheinlich einsehen und mir selbe Gnädigst gewähren werden. — Seit Anfang des vorigen Monates October fing ich schon in Baden an zu kränkeln, allein seit 5. October verliess ich das Bette und Zimmer nicht, als seit ohngefähr 8 Tägen. Ich hatte einen nicht gefahrlosen Entzündungs-Katarrh; noch kann ich nur wenig ausgehen; dieses auch die Ursache meines Nichtschreibens an I. K. H. in Kremsir. — Alles was der Himmel nur Segensvolles auf Seiner Erde verbreiten mag, wünschet etc.

24.

(1815.)

Ich hoffe Verzeihung zu erhalten, wenn ich I. K. H. um die Gnade bitte, mir die 2 Sonaten mit Violonschell oblig.,[38] welche ich für I. K. H. habe schreiben lassen, gnädigst zukommen zu lassen; ich brauche selbe nur einige Täge, wo ich sie sogleich I. K. H. wieder zustellen werde. —

25.

(1815.)

Ich bitte die Gnade zu haben, mir die Sonate aus E-moll[39] zukommen zu lassen, da ich sie der Correctur halber bedarf. — Montags werde ich mich bei I. K. H. wieder selbst anfragen. Die neuen Ereignisse[40] machen, dass viele Werke, welche von mir im Stich erscheinen, aufs geschwindeste befördert werden müssen, und dabei geniesse ich noch immer einer nur halben Gesundheit. — Ich bitte I. K. H. recht sehr, die Gnade zu haben, und mir nur ein paar Worte über Ihren Gesundheits-Zustand s a g e n z u l a s - s e n; ich hoffe immer das Bessere, ja bald das Beste darüber zu vernehmen.

26.

(1815.)

Beinahe dürften Sie glauben, dass mein Kranksein Verstellung sei. Es ist unterdessen gewiss nicht an dem. Ich muss immer Abends zeitlich zu Hause sein; denn das erstemal, als I. K. H. die Gnade hatten zu mir zu schicken, kam ich gleich darauf nach Hause; da es aber seit der Zeit scheint besser zu gehn, so machte ich vorgestern Abend den ersten Versuch etwas länger zu bleiben. — Ich werde falls I. K. H. mir sonst keinen Gegenbefehl schicken, diesen Abend um 5 Uhr die Ehre haben, Ihnen aufzuwarten. Ich werde die neue Sonate[39] jedoch nur für heute mitbringen; indem sie sogleich gestochen wird, lohnt es wirlich nicht der Mühe, selbe schreiben zu lassen. —

27.

(1815.)

Ich wollte Ihnen dieses Schreiben selbst einhändigen, ich würde Ihnen aber wohl persönlich jetzt beschwerlich sein, und nehme mir die Freiheit Sie noch einmal zu bitten um Gewährung der darin enhaltenen Bitte an I. K. H. — Es würde auch schön sein, wenn I. K. H. mir die letzte Sonate [39] im Manuscript von mir zurücksendeten, da ich sie herausgeben **muss**, so ist's wohl nicht nöthig selbe für Sie abschreiben zu lassen, indem ich Ihnen in kurzer Zeit das Vergnügen haben werde, dieselbe gestochen zuzustellen. — In einigen Tägen werde ich mich einmal anfragen. Ich wünsche Ihnen alles Wohlthuende für Ihre kostbare Gesundheit von diesen freudevollen Zeiten.

28.

Wien, am 23. Juli 1815.

Als Sie Sich neulich in der Stadt befanden, fiel mir wieder dieser Chor[41] ein. Ich eilte nach Hause, selben nieder zu schreiben, allein ich verhielt mich länger hierbei, als ich anfangs selbst glaubte, und so versäumte ich I. K. H. zu meinem grössten Leidwesen. — Die üble Gewohnheit von Kindheit an, meine ersten Einfälle gleich niederschreiben zu müssen, ohne dass sie wohl nicht öfters missriethen, hat mir auch hier geschadet. — Ich sende daher I. K. H. meine Anklage und Entschuldigung, und hoffe Begnadigung zu finden. — Wahrscheinlich werde ich bald selbst einmal bei I. K. H. mich einstellen können, um mich nach der uns allen so theuren Gesundheit zu erkundigen.

29.

(1815.)

Nicht Anmassung, nicht als wenn ich der Fürsprecher dürfte irgend jemanden sein, oder als wenn ich mich einer besonderen Gunst E. Kais. Hoheit rühmte, machen mich Ihnen etwas vortragen, so einfach als es selbst in sich ist. — Gestern war der alte **Kraft** [42] bei mir; er glaubte, ob es nicht möglich zu machen, dass man ihm in Ihrem Palaste eine Wohnung gäbe; er würde dafür E. Kais. H. so oft zu Diensten sein, als Sie es nur immer verlangten. 20 Jahre sei er jetzt im Hause des Fürsten Lobkowitz, lange Zeit hindurch habe er keinen Gehalt empfangen, jetzt müsse er auch seine Wohnung räumen, ohne irgend eine Entschädigung dafür zu erhalten. — Die Lage des armen alten verdienten Mannes ist hart, und ich hätte mich wohl auch gewiss einer Härte schuldig gemacht, wenn ich es nicht gewagt hätte, sie Ihnen vorzutragen. — Gr. Troyer wird I. K. Hoh. um eine Antwort bitten. — Da die Rede von der Erleichterung der Lage eines Menschen ist, verzeihen sie schon Ihrem —

30.

(16. Nov. 1815.)

Schon seit gestern Nachmittag liege ich erschöpft von vielen Anstrengungen, verursacht durch den so geschwinden Tod meines unglücklichen Bruders. [43] Es war mir nicht möglich, I. K. H. gestern absagen zu lassen; weswegen ich bitte, dieses nicht ungnädig aufzunehmen. Ich glaube jedoch sicher, morgen Ihre K. H. aufwarten zu können.

31.

Wien, am 11. Juli 1816.

Ich darf wohl von Ihrer Gnade für mich hoffen, dass Sie der mir etwas freventlich (jedoch bloss um der Überraschung willen) erlaubten hier beigefügten Dedication sonst keine Absicht beilegen. Das Werk [44] war für I. K. H. geschrieben, oder vielmehr hat es Ihnen sein Dasein zu danken, und die Welt (die musikalische) sollte diese davon wissen? — Ich werde bald das Vergnügen haben, I. K. H. in Baden meine Aufwartung machen zu können. Mein Brustzustand hat es bis hieher trotz allen Anstrengungen meines Arztes, welcher mich nicht von hier lassen wollte, noch nicht zugelassen, jedoch geht es mir besser. Ich hoffe nur Gutes und Erspriessliches von Ihrem uns bekümmernden Gesundheitszustand zu hören.

32.
(November 1816.) [45]

Mein Zustand hatte sich schon wieder verschlimmert, so dass ich nur während der Tagszeit einige Ausgänge machen konnte. Unterdessen hat es sich nun wieder gebessert und ich kann wenigstens 3 Mal in der Woche das Glück haben, I. K. H. wieder aufwarten zu können. Übrigens sind die Sorgen, denen man in diesen schrecklichen Zeitverhältnissen, welche noch alles Überlebte übertreffen, so gross und werden noch dadurch, dass ich seit vorigen Jahr von November an Vater einer armen Waise geworden bin, um so mehr vergrössert, dass dies alles denn auch mit meine gänzliche Herstellung verhindert. — Ich wünsche I. K. H. alles erdenkliche Gute und Schöne und bitte nicht ungnädig zu sein weder zu verkennen —

33.

(1816.)

An den erzherz. Kammerherrn Freih. von Schweiger.

Bester,

Allerliebster

erster Turnermeister von Europa!

Der Ueberbringer dieses ist ein armer Teufel (wie viele andere!!!).

Sie könnten ihm helfen, wenn Sie mit dem Gnädigsten Herrn sprechen, ob er vielleicht eins von seinen ganz kleinen aber niedlich und gut gemachten pianos kaufen wollte? — Alsdann bitte ich Sie, ihn an irgend einen von den Kammerherren oder Adjutanten des Erzherzogs Karl[46] zu empfehlen, ob vielleicht es nicht möglich wäre, dass S. K. H. eines von diesen Instrumenten für seine Gemahlin kaufen würde? — Also um eine Empfehlung vom ersten Turnermeister an den dortigen Kammerherrn oder Adjutanten bitten wir für diesen armen Teufel[47] —

ebenfalls

1

armer Teufel

L. v. Beethoven.

34.

Am letzten December 1816.

Schon seit der Akademie für die Bürger[48] muss ich wieder das Zimmer hüten. Immer dürfte es noch einige

Zeit währen, bis ich sorgloser meines Zustandes wegen mich betragen darf. — Das Jahr endet; meine heissesten Wünsche fangen mit dem neuen Jahre für das Wohl I. K. H. an. Zwar haben sie bei mir weder Anfang noch Ende; denn alle Tage hege ich dieselben Wünsche für I. K. H. Darf ich noch einen Wunsch für mich selbst hinzusetzen, so lassen I. K. H. mich in Ihrer Gnade und Huld täglich wachsen und zunehmen. Stäts wird der Meister trachten, der Gnade Seines erhabenen Meisters und Schülers nicht unwürdig zu sein.

35.

Nussdorf, am 1. September 1817.

Immer hoffte ich, mich selbst zu Ihnen nach Baden verfügen zu können; allein mein kränklicher Zustand dauert noch fort, und wenn sich auch einiges davon gebessert hat, so ist das Uebel doch noch nicht ganz geheilet. Was ich gebraucht und noch dawider gebrauche, sind Mittel auf alle Art, in allen Gestalten. Nun muss ich wohl die so oft genährte Hoffnung gänzlich befreit zu werden aufgeben. — Ich höre, dass I. K. H. wundervoll gut aussehen, und wenn man auch aus solchem falsche Schlüsse auf eine vortreffliche Gesundheit machen kann, so höre ich doch sehr von der verbesserten Gesundheit I. K. H. sprechen, woran ich gewiss den lebhaftesten Antheil nehme. Ich hoffe ebenfalls, dass wenn I. K. H. wieder in die Stadt kommen werden, wieder Beistand leisten zu können bei Ihren den Musen gewidmeten Opfern. — Gott wird wohl meine Bitte erhören, und mich noch einmal von so vielem Ungemach befreien, indem ich vertrauensvoll ihm von Kindheit an gedient, und Gutes gethan, wo ich nur gekonnt, so vertraue ich auch ganz allein auf ihn, und hoffe, der Allerhöchste wird mich nicht in allen meinen Drangsalen aller Art zu Grunde gehen lassen. — Ich wünsche I. K. H. alles erdenkliche Schöne und Gute, und werde, sobald Sie Sich wieder in der Stadt befinden, mich sogleich zu I. K. H. verfügen.

36.
Am letzten December 1817.

Das alte Jahr ist beinah vergangen, das neue rückt heran. Mögen I. K. H. auch in nichts leiden, sondern der grössten Glückseligkeit, die nur denkbar ist, geniessen. Dies sind meine Wünsche, die sich alle in diesem einzigen zusammen fassen lassen, für I. K. H. — Von mir zu reden, wenn es erlaubt ist, so ist meine Gesundheit sehr wankend und unsicher; ich bin genöthigt leider sehr entfernt von I. K. H. zu wohnen, diess soll mich unterdessen nicht abhalten, ehestens mich erfreuen zu können, Ihnen meine Aufwartung zu machen. — Ich empfehle mich Ihren Gnädigsten Gesinnungen gegen mich, wenn ich sie auch nicht zu verdienen scheine; der Himmel möge zum Besten so vieler anderer jeden Tag Ihres Lebens besonders segnen, ich aber bin allezeit —

37.

(1819.)

Ich habe die Ehre hier die meisterlichen Variationen[49] von I. K. H. durch den Kopisten Schlemmer zu schicken; morgen werde ich selbst mich bei I. K. H. anfragen, und freue mich sehr, meinen erhabenen Schüler als Begleiter auf einer ruhmvollen Bahn dienen zu können.

38.

Am 1. Jänner 1819.

Alles was man nur in einem Wunsche zusammenfassen kann, was nur erspriesslich genannt werden kann, Heil, Glück, Segen ist in meinem Wunsche an dem heutigen Tage dargebracht für I. K. H. enthalten. Möchte nur auch mein Wunsch für mich auch huldreich von I. K. H. aufgenommen werden, nämlich: dass ich mich der Gnade I. K. H. ferner zu erfreuen habe. — Ein schreckliches Ereigniss[50] hat sich vor kurzem in meinen Familien-Verhältnissen zugetragen, wo ich einige Zeit alle Besinnung verloren habe, und diesem ist es nur zuzuschreiben, dass ich nicht schon selbst bei I. K. H. gewesen, noch dass ich Auskunft gegeben habe über die meisterhaften Variationen[49] meines hochverehrten erhabenen Schülers und Musen-Günstlings. Meinen Dank für diese Ueberraschung und Gnade, womit ich beehrt bin worden, wage ich weder mündlich noch schriftlich auszudrücken, da ich zu tief stehe, auch wenn ich wollte oder es noch so heiss wünschte, Gleiches mit Gleichem zu vergelten. Möge der Himmel meine

Wünsche für die Gesundheit I. K. H. noch besonders wohl aufnehmen und erhören. In einigen Tägen hoffe ich das mir gesendete Meisterstück von I. K. H. selbst zu hören, und nichts kann mir erfreulicher sein, als dazu beizutragen, dass I. K. H. den schon bereiteten Platz für Hochdieselbe auf dem Parnasse baldigst einnehmen.

39.

(1819.)

Mit grossem Leidwesen habe ich wieder Ihre Unpässlichkeit erfahren; ich hoffe, sie wird nur vorübergehend sein, und der noch immer wankelhafte Frühling dürfte wohl daran Schuld sein. — Eben gestern wollte ich die Variationen [49] überbringen, sie dürften wohl kühn an das Tageslicht treten, und man wird sich vielleicht unterstehen, I. K. H. darum anzugehen. — Ich bedaure recht sehr, nur pia desideria für das Wohlbefinden I. K. H. haben zu können, aber ich hoffe die Macht der Aesculapen wird wohl doch endlich den Sieg davontragen, und I. K. H. eine dauerhafte Gesundheit verschaffen.

40.

Mödling, den 15. Juli 1819.

Ich befinde mich schon, seit ich zum letztenmal in der Stadt E. K. H. meine Aufwartung machen wollte, sehr übel; ich hoffe jedoch bis künftige Woche in einem besseren Zustande zu sein, wo ich mich sogleich nach Baden zu I. K. H. verfügen werde. — Ich war unterdessen

noch einigemal in der Stadt, meinen Arzt zu consultiren.
— Die fortdauernden Verdriesslichkeiten in Ansehung meines beinah gänzlich moralisch zu Grund gerichteten Neffen [51] haben grösstentheils Schuld daran. Ich selbst musste Anfangs dieser Woche wieder die Vormundschaft antreten, indem der andere Vormund niedergelegt, und sich vieles hat zu Schulden kommen lassen, wesswegen er mich um Verzeihung gebethen; auch der Referent hat das Referat abgegeben, weil man ihn, indem er für die gute Sache sich interessirte, für partheiisch ausgeschrieen hat. Und so dauert diese Verwirrung immer ohne Ende fort, und keine Hilfe kein Trost! Alles, was ich gebaut, wie vom Winde weggeweht! Auch der jetzige Inhaber eines Instituts ein Schüler Pestalozzi's, wohin ich meinen Neffen gegeben, ist der Meinung, dass es schwer wird werden, für ihn und für meinen armen Neffen einen erwünschten Endzweck zu erreichen. — Er ist ebenfalls aber der Meinung, dass nichts erspriesslicher sein könne, als Entfernung meines Neffen ins Ausland! — Ich hoffe, dass die Gesundheit I. K. H., die Gesundheit eines mir der verehrtesten Gegenstände nichts zu wünschen übrig lasse und freue mich schon im voraus darauf, bald wieder um I. K. H. sein zu können, und derselben meine Dienstfertigkeit bezeigen zu können.

41.

(1819.)

Ich bitte um die Gnade, Se. Kaiserl. Hoheit den Erzherzog Ludwig mit folgenden Umständen bekannt zu machen. I. K. H. werden sich erinnern, wie ich von der nöthigen Entfernung meines Neffen [51] von hier seiner Mutter wegen gesprochen. Ich hatte mir vorgenommen, S. K. H. dem Erzherzog Ludwig deswegen eine Bittschrift einzureichen; bis jetzt hat sich aber noch gar kein Hinderniss dagegen eingefunden, indem alle Behörden, wodurch diese Sache gehen muss, dafür sind, worunter die Hauptbehörden sind: die Polizei-Hofstelle, die Obervormundschaft, so wie auch der Vormund, welche alle gänzlich mit mir übereinstimmen, dass für das moralische Wohl meines Neffen nichts zweckmässiger sein kann, als die weitmöglichste Entfernung von seiner Mutter; auch ist alles für die Ausbildung meines Neffen in Landshut so gut berathen, indem der würdige berühmte Professor Sailer darüber die Oberaufsicht führt, was die Erziehung meines Neffen betrifft, ich auch noch einige Verwandte dort habe, dass gar nicht zu zweifeln, dass nicht das gewünschteste Resultat für meinen Neffen daraus hervorgehen sollte. Da wie gesagt ich noch kein Hinderniss gefunden, habe ich auch S. K. H. dem Erzherzog Ludwig noch nicht im mindesten beschwerlich fallen wollen; allein wie ich höre, will die Mutter meines Neffen sich zur Audienz bei S. K. H. dem Erzherzog Ludwig begeben, um dagegen zu wirken. Es wird ihr auf Verleumdungen aller Art gar nicht hart ankommen gegen mich, allein ich hoffe, sie werden alle leicht durch meinen öffentlich anerkannten moralischen Charakter widerlegt sein, und ich darf wohl selbst hierin um das Zeugniss I. K. H. bei Sr. Kaiserl. Hoheit dem Erzherzog Ludwig für mich, ohne zu fürchten ansuchen. Was es für eine

Beschaffenheit mit der Mutter meines Neffen hat, ist daraus zu ersehen, dass sie von den Gerichten ganz unfähig erklärt worden ist, irgend eine Vormundschaft über ihren Sohn zu führen. Was sie **alles angestiftet**, um ihr armes Kind selbst zu verderben, kann nur ihrer Verdorbenheit beigemessen werden; daher denn auch von allen Seiten die **Uebereinstimmung** in dieser Sache, das Kind von hier gänzlich ihrem Einfluss zu entziehen. — Dieses ist die Natur und Unnatur dieser Angelegenheit, ich bitte daher I. K. H. um Ihre Fürsprache bei Sr. K. H. dem Erzherzog Ludwig, dass Sie den Verleumdungen dieser Mutter, welche ihr Kind in den Abgrund stürzen würde, woraus es nicht mehr zu retten, nicht Gehör geben. Die Gerechtigkeit, welche jeder Parthei in unserm gerechten Oesterreich widerfährt, schliesst auch **sie** nicht davon aus; aber **eben diese Gerechtigkeit** schlägt auch alle ihre Gegenvorstellungen zu Boden. — Eine religiöse Ansicht in Ansicht des 4. Gebothes ist hauptsächlich mit, was auch die Richter bestimmt, den Sohn so weit als möglich zu entfernen; der schwere Stand des Erziehers eben gegen dieses Geboth nicht anzustossen, und die Nothwendigkeit dass der Sohn niemals müsse können dazu verleitet werden, dagegen zu fehlen oder zu verstossen, ist gewiss zu beachten. — An Schonung, Grossmuth, diese unnatürliche Mutter zu bessern hat es nie gefehlt, jedoch vergebens. — Sollte es nöthig sein, so werde ich Sr. K. Hoheit dem Erzherzog Ludwig einen Vortrag darüber abstatten, wo ich bei der Fürsprache meines Gnädigsten Herrn des Erzherzogs Rudolf K. H. gewiss Gerechtigkeit erwarten darf.

42.

(1819.)

Wegen einer gerichtlichen Verhandlung in Rücksicht meines Neffen, [51] indem ich die angesetzte Stunde nicht zu ändern vermag, muss ich leider dem Vergnügen entsagen, I. K. H. diesen Abend aufzuwarten; um so mehr werde ich mich morgen beeilen, um halb 5 bei I. K. H. zu sein. — Wegen der Sache selbst, weiss ich, ich finde Nachsicht. Der Himmel ende es endlich, denn mein Gemüth leidet empfindlich ein schmerzlich Toben.

43.

Mödling, den 29. Juli 1819.

Schon mit Leidwesen empfieng ich die Nachricht von einer neuen Unpässlichkeit I. K. H.; da ich aber weiter keine bestimmten Nachrichten habe, so beunruhige ich mich sehr. — Ich war in Wien, um aus der Bibliothek I. K. H. das mir Tauglichste auszusuchen. Die Hauptabsicht ist das **geschwinde Treffen** und mit der **bessern Kunst-Vereinigung**, [52] wobei aber **practische Absichten** Ausnahmen machen können, wofür die Alten zwar doppelt dienen, indem meistens reeller Kunstwerth (Genie hat doch nur unter ihnen der **deutsche Händel** und Seb. Bach gehabt) allein **Freiheit, weiter gehn** ist in der Kunstwelt, wie in der ganzen grossen Schöpfung Zweck und sind wir Neueren noch nicht ganz so weit, als unsere **Altvordern in Festigkeit**, so hat doch die

Verfeinerung unserer Sitten auch manches erweitert. Meinem erhabenen Musik-Zögling, selbst nun schon Mitstreiter um die Lorbeeren des Ruhmes, darf Einseitigkeit nicht Vorwurf werden, et iterum venturus judicare vivos et mortuos. — Hier 3 Gedichte, woraus E. K. H. vielleicht eines aussuchen könnten, in Musik zu setzen. Die Oesterreicher wissen es nun schon, dass Apollo's Geist im Kaiserlichen Stamm neu aufgewacht; ich erhalte überall Bitten, etwas zu erhalten. Der Unternehmer der Modezeitung wird I. K. H. schriftlich ersuchen, ich hoffe, ich werde keiner Bestechung irgendwo beschuldigt werden — am Hofe und kein Höfling, was ist da alles möglich??!!! Ich fand einigen Widerstand bei der Aussuchung der Musik in Wien von Sr. Excellenz dem Hrn. Obristhofmeister.[53] Es ist nicht der Mühe werth, I. K. H. damit schriftlich beschwerlich zu fallen, nur so viel muss ich sagen, dass durch dergleichen mancher talentvolle gute und edle Mensch sich würde vor I. K. H. zurückschrecken lassen, wer nicht das Glück hätte, Ihre vorzüglichen Eigenschaften des Geistes und Herzens in der Nähe kennen zu lernen. — Baldige baldige Wiederherstellung wünsche ich E. K. H. und mir einige Nachricht zu meiner Beruhigung.

44.

(1819.)

Leider muss ich mich selbst anklagen, ich war gestern zum erstenmal ausgegangen und befand mich ziemlich wohl; allein als genesender Patient hatte ich vergessen oder ausser Acht gelassen, mich wieder früh nach Hause zu begeben, und habe dadurch wieder einen Anfall ausstehen müssen. Jedoch wird, wie es scheint, durch heutiges zu Hause bleiben, morgen alles wieder in bester Ordnung sein, und ich hoffe gewiss meinem verehrtesten, erhabensten Schüler aufwarten zu können. — Ich bitte I. K. H. nicht auf die Händelschen Werke zu vergessen, da Sie Ihrem so reifen musikalischen Geiste gewiss immer die höchste Nahrung darbieten, welche zugleich immer in die Verehrung dieses grossen Mannes übergehen wird.

45.

Mödling, den 31. August 1819.

Eben gestern erhalte ich die Nachricht von einer neuen Anerkennung und Verherrlichung[54] Ihrer vortrefflichen Eigenschaften des Geistes und des Herzens. Empfangen I. K. H. meine Glückwünsche und nehmen Sie selbe Gnädigst auf; sie kommen von Herzen — und sind nicht nöthig gesucht zu werden. — Ich hoffe, es wird wohl bald auch mit mir besser gehen. So vieles Uebel hat wieder nachtheilig auf meine Gesundheit gewirkt, und ich befinde mich gar nicht gut, indem ich schon wieder seit einiger Zeit mediziniren muss, wo ich kaum einige Stunden des Tages mich mit dem theuersten Geschenk des Himmels meiner Kunst und mit den Musen abgeben kann. Ich hoffe jedoch, mit der Messe[55] zu Stand zu kommen, so dass selbe am 19ten, falls es dabei bleibt, kann aufgeführt werden; wenigstens würde ich in Verzweiflung gerathen, [56] wenn es mir durch meine üblen Gesundheits-Umstände versagt sollte sein, bis dahin fertig zu sein. Ich hoffe aber, dass meine innigsten Wünsche für die Erreichung werden erfüllt werden. — Was das Meisterwerk der Variationen I. K. H. [57] betrifft, so glaube, dass selbe unter folgendem Titel könnten herausgegeben werden, nämlich:

Thema oder Aufgabe
gesetzt von L. v. Beethoven
vierzigmal verändert
und seinem Lehrer gewidmet
von dem durchlauchtigsten Verfasser.

Der Anfragen deswegen sind so viele und am Ende kommt dieses ehrenvolle Werk durch verstümmelte Abschriften doch in die Welt. I. K. H. selbst werden nicht ausweichen können, sie hier und dahin geben zu müssen; also in Gottes Namen bei so vielen Weihen, die I. K. H. jetzt erhalten, und bekannt werden, werde denn auch die Weihung Apoll's (oder christlicher Caeciliens) bekannt. Zwar könnte I. K. H. vielleicht mich der Eitelkeit beschuldigen; ich kann aber versichern, dass, indem zwar diese Widmung meinem Herzen theuer ist, und ich wirklich stolz darauf bin, diese allein gewiss nicht mein Endzweck hiebei ist. — 3 Verleger haben sich deswegen gemeldet, Artaria, Steiner und noch ein dritter, dessen Name mir nicht einfällt. Also nur die beiden ersten, welchem von beiden sollen die Variationen gegeben werden? Ich erwarte hierüber die Befehle E. K. H. Sie werden von beiden auf der Verleger Kosten gestochen, hiezu haben

sich beide angebothen. — Es frägt sich nun, ob I. K. H.
mit dem Titel zufrieden sind? Ob sie herausgegeben werden sollen, darüber dachte ich, sollten I. K. H.
gänzlich die Augen zudrücken. Geschieht es, so nennen
I. K. H. es ein Unglück; die Welt wird es aber für
das Gegentheil halten. — Gott erhalte I. K. H. und
schütte immer das Füllhorn seiner Gnaden über I. K. H.
heiliges Haupt und mir erhalte Gott immer Ihre gnädigen
Gesinnungen.

(Aussen) Meine Kränklichkeit wird einen unordentlichen
Brief bei I. K. H. entschuldigen.

46.

(1819.)[58]

Ich sehe, dass Baron Schweiger Sie noch nicht von
meinem gestrigen Ueberfalle benachrichtigt hat, I. K. H.
Ich wurde plötzlich von einem solchen Fieber überfallen,
dass ich gänzlich ohne Bewusstsein war; ein verwundeter
Fuss mag dazu beigetragen haben. Heute ist es unterdessen unmöglich auszugehen; morgen bin ich aber sicher
hergestellt, und bitte also Ihro Kaiserl. Hoheit auf morgen
Nachmittag das Orchester um dreiviertel auf 3 Uhr bestellen zu lassen, damit die Herren Musiker desto zeitlicher
kommen, und Zeit genug wird, auch die 2 Ouverturen zu
probiren. Sollten das letztere I. K. H. wünschen, so
brauchte ich 4 Hörner, bei den Sinfonien sind jedoch nur
2 dergleichen. Zu der Besetzung der Sinfonien wünschte
ich wenigstens 4 Violinen, 4 Sekund, 4 Prim, 2 Kontrabässe, 2 Violonschell. — Ich bitte nur mich gnädigst heute

wissen zu lassen, was Sie beschliessen werden. Kein grösseres Vergnügen kann mir werden, als meinem Erhabenen Schüler meine Werke hören zu machen. Gott gebe Ihnen nur bald Ihre Gesundheit wieder, indem ich mich oft deshalb ängstige.

47.

(1819.) [58]

Ich bitte Sie die Gnade zu haben, noch heute dem Hr. von Wranitzky [59] wegen der Musik Ihre Befehle wissen zu lassen und ob 2 oder 4 Hörner? — Ich habe schon mit ihm gesprochen und ihm anempfohlen nur solche Musici zu wählen, durch die wir eher oder mehr eine Production als Probe zu Stande bringen können.

48.

(1819.) [58]

Es ist nicht möglich bis morgen um eilf Uhr die Stimmen verdoppelt zu haben; die Kopisten haben für diese Woche meistens viel zu schreiben. Ich glaube daher, dass Sie Gnädigst den Auferstehungs-Tag künftigen Sonnabend nehmen, bis dahin bin ich auch gewiss wieder hergestellt, und kann besser dirigiren, welches mir morgen etwas schwer geworden wäre trotz meinem guten Willen. Freitags hoffe ich sicher auszugehen und mich anfragen zu können.

49.

(Fragment.) (1819.)

— — Der Tag, wo ein Hochamt von mir zu den Feierlichkeiten für I. K. H. soll aufgeführt werden, wird für mich der schönste meines Lebens sein, und Gott wird mich erleuchten, dass meine schwachen Kräfte zur Verherrlichung dieses feierlichen Tages beitragen. — Es folgen nebst tiefer Danksagung die Sonate, mir fehlt das Violonzell noch, glaube ich, welche Stimme ich nicht gleich gefunden habe. Da der Stich schön ist, so habe ich mir die Freiheit genommen, ein gestochenes Exemplar nebst einem Violinquintett beizulegen. — Zu den 2 Stücken von meiner Handschrift an I. K. H. Namenstag geschrieben sind noch 2 andere gekommen, wovon das letztere ein grosses Fugato, so dass es eine grosse Sonate [60] ausmacht, welche nun bald erscheinen wird, und schon lange aus **meinem Herzen I. K. H.** ganz zugedacht ist; **hieran ist das neueste Ereigniss I. K. H.**[61] **nicht im mindesten Schuld.** Indem ich um Verzeihung meines Schreibens bitte, flehe ich den Herrn an, dass reichlich seine Segnungen auf das Haupt I. K. H., der so sehr die **Liebe der Menschen umfasst**, ist wohl einer der schönsten und hierin werden I. K. H. **weltlich** oder **geistlich** immer das schönste Muster sein. —

50.

Am 14. December 1819.

Gleich, nachdem ich das letztemal bei I. K. H. war, befand ich mich übel; ich meldete es I. K. H., allein, indem eine Veränderung in meinem Hauswesen vorgieng, kam sowohl dieser als ein anderer Brief an I. K. H. nicht an, wo ich Allerhöchstdieselben um Nachsicht bat, indem ich einige Arbeiten geschwind zu befördern hatte, wodurch denn leider die Messe [62] auch musste ausgesetzt werden. — Schreiben I. K. H. alles dieses dem Drang der Umstände zu. Es ist jetzt nicht die Zeit dazu, alles dieses aus einander zu setzen; allein ich werde, sobald ich den rechten Zeitpunkt glaube, doch müssen, damit I. K. H. kein unverdientes hartes Urtheil über mich fällen. — Mein Herz ist allzeit bei I. K. H., und ich hoffe gewiss, dass sich endlich die Umstände so ändern werden, dass ich noch weit mehr dazu beitragen kann, als bisher, Ihr grosses Talent zu vervollkommnen. Ich glaube, dass I. K. H. wenigstens den besten Willen hierin schon wahrgenommen, und gewiss überzeugt sein werden, dass nur unübersteigliche Hindernisse mich von meinem verehrtesten mir über alles ins Herz gewachsenen liebenswürdigsten Fürsten entfernen können. — Erst gestern habe ich den Irrthum mit den beiden Briefen erfahren, diesen bringe ich selbst, denn ich habe niemanden Verlässlichen in meinem Dienst. — Ich werde mich diesen Nachmittag um halb 5 Uhr anfragen. — Meinen unauslöschlichen Dank für das liebe Schreiben I. K. H. an mich, wenn I. K. H.

Achtung gegen mich aussprechen, so kann dieses nur den Trieb zu allem Guten noch vermehren und erhöhen. — Ich küsse I. K. H. die Hände.

51.

Nachschrift.

(1822.)

Die Messe [62] wird bald ganz in I. K. H. Händen sein; sie sollte und wäre es auch schon längstens allein — allein — allein — I. K. Hoh. werden nach näherer Bekanntschaft meiner Verhältnisse [63] sich noch wundern, wie dieses von mir noch zu Stande kommt. —

52.

(?) [64]

Mit inniger Betrübniss erfahre ich die Unpässlichkeit I. K. H.; ich hoffe baldige Besserung. Warum bin ich nicht wohl! ich glaube, ich müsste endlich das beste Mittel, wodurch I. K. H. gänzlich hergestellt würden, finden. — Ich werde mich wieder anfragen, und hoffe jedesmal das Beste zu erfahren. —

53.

(?) [64]

Als ein halber Kranker die ganze Zeit hindurch halte ich mich eben so gut, als ich kann. — Der Anfall von

I. K. H. thut mir ungemein leid, um so mehr, da ich gar nichts davon wusste, wo ich gewiss geeilt hätte, mich selbst zu erkundigen und zu fragen, ob ich nicht im Stande sei, einigermassen durch etwas Ihre Leiden zu versüssen. — Morgen, da I. K. H. es wünschen, werde ich gewiss erscheinen, bei meinem liebsten, einzigen Gnädigsten Herrn!! — — —

54.

Mödling, am 3. August 1820.

Eben erhalte ich Ihr mir zugedachtes Schreiben, worin mir Ihre Herreise von I. K. H. selbst angekündigt wird. — Ich danke von Herzen I. K. H. für diese Aufmerksamkeit. Ich wollte schon morgen in die Stadt eilen, um I. K. H. aufzuwarten, allein es war kein Wagen zu erhalten; jedoch hoffe ich bis künftigen Sonnabend einen zu erhalten, wo ich ungesäumt schon in der Frühe mich bei I. K. H. anfragen werde. — Wegen der Opfer, welche I. K. H. den Musen bringen wollen, werde ich mündlich I. K. H. die Vorschläge machen. Ich freue mich recht sehr, I. K. H. wieder in meiner Nähe zu wissen. Möchte ich nur ganz dazu beitragen können, alles zu erfüllen, was I. K. H. von mir wünschen. — Der Himmel segne I. K. H. und lasse allen Ihren Pflanzungen vollkommenes Gedeihen werden.

55.

Mödling, am 2. September 1820.

Seit Dienstag Abends befand ich mich nicht wohl, glaubte aber Freitags gewiss wieder so glücklich zu sein, bei I. K. H. zu erscheinen. Es war jedoch ein Irrthum, und heute erst bin ich im Stande I. K. H. zu sagen, dass ich sicher hoffe, künftigen Montag oder Dienstag wieder I. K. H. aufwarten zu können, wo ich mich in aller Früh anfragen werde. — Meine Unpässlichkeit schreibt sich daher, dass ich ein offenes Postkalesch nahm, um I. K. H. nicht zu versäumen. Es war den Tag regnerisch und Abends hieher beinahe **kalt**. Die Natur scheint beinahe nur meine Freimüthigkeit oder Dreistigkeit übelgenommen zu haben und mich dafür bestraft zu haben. — Der Himmel sende alles Gute, Schöne, Heilige, Segensvolle auf I. K. H. herab, mir Ihre Huld! — **Doch nur gebilligt von Gerechtigkeit!** —

56.

Unterdöbling, den 18. Juli 1821.

Ich hörte gestern von Höchstdero Ankunft hier, welches, so erfreulich es mir wäre, nun ein trauriges Ereigniss für mich geworden, da es ziemlich lange werden dürfte, bis ich so glücklich sein kann, I. K. H. aufzuwarten. Schon lange sehr übel auf, entwickelte sich endlich die Gelbsucht vollständig, mir eine höchst ekelhafte Krankheit. Ich hoffe wenigstens, dass ich doch soweit hergestellt werden werde, dass ich noch I. K. H. hier vor Ihrer Abreise sehe. — Auch den vergangenen Winter hatte ich die stärksten rheumatischen Zufälle. — Vieles liegt in meiner traurigen Lage, was meine ökonomischen Umstände betrifft. Bisher hoffte ich durch alle möglichen Anstrengungen endlich darüber zu siegen. Gott, der mein Inneres kennt, und weiss, wie ich als Mensch überall meine Pflichten, die mir die Menschlichkeit, Gott und die Natur gebiethen, auf das Heiligste erfülle, wird mich wohl endlich wieder einmal diesen Trübsalen entreissen. — Die Messe [65] wird I. K. H. noch hier überreicht werden. Die Ursachen der Verzögerung derselben erlassen mir I. K. H. gnädigst. Die Details davon könnten nicht anders als wenigstens unangenehm für I. K. H. sein. — Sehr gerne hätte ich I. K. H. manchmal schon hier aus geschrieben; allein I. K. H. hatten mir hier gesagt, dass ich abwarten sollte, bis Höchstdieselben mir schreiben würden. Was sollte ich nun thun? Vielleicht würde es I. K. H. unangenehm gewesen sein, wenn ich nicht Ihre Worte geachtet, und ich weiss, es gibt Menschen, welche mich gerne bei I. K. H. verleumden, und diess thut mir sehr weh. Ich glaube daher öfters nicht anders thun zu können, als mich still zu verhalten, bis I. K. H. wünschen etwas zu sehen oder zu hören von mir. — Ich hörte von einer Unpässlichkeit I. K. H.; ich hoffe, dass es von keiner Bedeutung ist. Der Himmel schütte seinen Segen in den reichsten Füllhörnern auf I. K. H. herab. Ich hoffe, dass es doch nicht zu lange anstehen wird, bis ich so glücklich bin I. K. H. sagen zu können, wie sehr ich bin —

57.

Unterdöbling, am 18. Juli (1821).

Ich hatte schon einen weitläufigen Brief an Höchstdieselben geschrieben, welchen mein Copist Schlemmer übergeben wird. Ich hörte vorgestern die Ankunft I. K. H. und schrieb daher gestern sogleich das obenerwähnte Schreiben. — Wie traurig bin ich, dass mich die Gelbsucht, der ich unterliege, verhindert, sogleich zu I. K. H. zu eilen, und meine Freude über Ihre Ankunft mündlich selbst bezeugen zu können. —

Der Herr aller Dinge nehme zum Wohl so vieler Menschen E. K. H. in seine Obhut.

58.

Am 27. Februar (1822).

Ich war schon heute früh in der Burg, zwar nicht (denn ich war noch nicht angezogen), um E. K. H. einen Besuch zu machen, sondern nur durch Zips melden zu lassen, dass ich dagewesen und mich höchst erfreue über die Ankunft allhier. Allein ich fand die Wohnung E. K. H. nicht mehr, und da ich irgendwo anklopfte, wo ich glaubte, dass E. K. H. sich befinden, so schien es, dass mein Anzug gar zu sehr auffiel. Ich machte mich daher geschwind fort, und melde mich jetzt nur noch heute schriftlich bei E. K. H. an, morgen werde ich mich anfragen, und meine Aufwartung machen und zugleich zu hören, ob die gewohnten musikalischen Geistesübungen wieder statt finden sollen und wann? Es sieht abscheulich aus, indem ich die ganze Zeit E. K. H. nicht geschrieben, allein ich wollte immer warten, bis ich die Messe geschickt hätte, da aber wirklich erschrecklich daran gefehlt war, und zwar so, dass jede Stimme musste durchgesehen werden, so verzögerte es sich bei so vielen andern nicht aufzuschiebenden Beschäftigungen, wozu noch andere Umstände getreten, die mich in diesen hinderten, wie denn so manches dem Menschen begegnet, wo er am wenigsten daran denkt. Dass E. K. H. mir aber allzeit gegenwärtig gewesen, beweisen die hier folgenden Abschriften einiger Novitäten,[66] welche schon mehrere Monate für E. K. H. bereit gelegen; allein ich wollte selbe nicht eher, als mit der Messe zugleich absenden. Letztere wird nur gebunden und alsdann E. K. H. ehrfurchtsvoll von mir überreicht werden. — Indem ich mich höchst erfreue, E. K. H. mich wieder persönlich nahen zu können, ersterbe ich ehrfurchtsvoll —

59.

(1823 Winter.)

Ich befand mich vorgestern und gestern sehr übel; leider hatte ich niemanden, durch den ich dieses I. K. H. hätte anzeigen können. Da ich mich gestern gegen Abend besser befand, gieng ich in die Stadt, um die Sonate [67] durch Schlemmer corrigiren zu lassen. Selber war nicht zu Hause, und ich ersuchte ihn, heute hierher zu kommen. Ich überschicke durch ihn die Sonate und werde mich vor 4 Uhr schon heute einfinden, um I. K. H. aufzuwarten.

60.

Wien, am 1. Juni 1823.

Seit der Abreise I. K. H. war ich meistens kränklich, ja zuletzt von einem starken Augenweh befallen, welches nun in so weit sich gebessert hat, dass ich seit 8 Tägen meine Augen wieder, jedoch mit Schonung noch brauchen kann. E. K. H. ersehen aus dem beifolgenden Recepisse vom 27. Juni die Uebersendung von einigen Musikalien. Da E. K. H. schienen Vergnügen zu finden an der Sonate in C moll, [68] so glaubte ich mir nicht zu viel heraus zu nehmen, wenn ich Sie mit der Dedication an Höchstdieselben überraschte. Die Variationen [69] sind wenigstens 5 oder gar 6 Wochen abgeschrieben; unterdessen liessen meine Augen es nicht zu, selbe ganz durchzusehen; vergebens hoffte ich auf eine gänzliche Herstellung derselben. Ich liess daher endlich Schlemmer selbe übersehen und sie dürften, obwohl nicht zierlich aussehen, doch correct sein. — Die Sonate in C moll ward in Paris gestochen sehr fehlerhaft, und da sie hier nachgestochen wurde, so sorgte ich so viel wie möglich für Correctheit. —

Von den Variationen sende ich nächstens ein schön gestochenes Exemplar. In Betreff der Messe, [70] welche

I. K. H. gemeinnütziger wünschten zu werden, so forderte mein nun schon mehrere Jahre kränklich fortdauernder Zustand, um so mehr, da ich dadurch in starke Schulden gerathen, und den Aufforderungen nach England zu kommen ebenfalls meiner schwachen Gesundheit wegen entsagen musste, auf ein Mittel zu denken, wie ich mir meine Lage etwas verbessern könnte. Die Messe schien dazu geeignet. Man gab mir den Rath, selbe mehreren Höfen anzutragen. So schwer mir dieses geworden, so glaubte ich doch mir Vorwürfe bei Unterlassung dessen machen zu müssen. Ich machte also mehreren Höfen eine Einladung zur Subscription auf diese Messe, setzte das Honorar auf 50 ‡, da man glaubte, dass diess nicht zu viel und wenn doch mehrere subscribirten auch nicht ganz uneinträglich sein würde. Bisher ist die Subscription zwar ehrenvoll, indem die königl. Majestäten von Frankreich und Preussen selbe angenommen haben. Auch erhielt ich einen Brief von meinem Freunde Fürst Nicolaus Galitzin dieser Tage aus Petersburg, worin mir dieser wirklich liebenswürdige Fürst meldete, dass auch Seine Kaiserl. russische Majestät die Subscription angenommen hätten und ich bald das Nähere darüber von der kaiserl. russischen Gesandtschaft allhier erfahren würde. Bei alledem erhalte ich noch nicht hiedurch, obschon noch einige andere Subscribenten, so viel als das Honorar vom Verleger dafür betragen hätte, nur dass ich den Vortheil habe, dass das Werk mein bleibt, die Kosten der Copiatur sind auch gross und werden noch grösser dadurch, dass noch 3 neue Stücke dazu kommen, welche ich, sobald als ich selbe vollendet habe, E. K. H. sogleich überschicken werde. — Vielleicht fällt es E. K. H. nicht beschwerlich, sich wegen der Messe für mich Gnädigst bei S. k. H. dem Grossherzog von Toscana zu verwenden, dass Höchstdieselben auch ein Exemplar der Messe nehmen. Die Einladung ist zwar schon geraume Zeit durch den hiesigen Agenten v. Odelga an den Grossherzog von Toscana abgegangen, und O. versichert heilig, dass die Einladung gewiss angenommen werde. Ich traue unterdessen nicht recht, da es schon mehrere Monate ist, und kein Bescheid erfolgte. Da die Sache nun einmal im Gange ist, so ist es natürlich, dass man so viel als möglich den vorgesetzten Zweck zu erreichen sucht. — Schwer war mir dieses Unternehmen, noch schwerer E. K. H. darüber zu berichten, oder etwas davon merken zu lassen, allein „Noth kennt kein Geboth". — Ich danke nur oben dem über den Sternen, dass ich nun anfange, meine Augen wieder gebrauchen zu können. Ich schreibe jetzt eine neue Sinfonie [71] für England für die philarmonische Gesellschaft, und hoffe selbe in Zeit von 14 Tagen gänzlich vollendet zu haben. Lange kann ich meine Augen noch nicht anstrengen, daher bitte ich I. K. H. gnädigst sich noch zu gedulden mit den Variationen [72] von Höchstdenselben, welche mir allerliebst zu sein scheinen, aber doch noch eine genauere Durchsicht von mir erfordern. Fahren E. K. H. nur fort, besonders sich zu üben, gleich am Clavier Ihre Einfälle flüchtig kurz niederzuschreiben. Hiezu gehört ein kleines Tischchen ans Clavier. Durch dergleichen wird die Phantasie nicht allein gestärkt, sondern man lernt auch die entlegensten Ideen augenblicklich festhalten. Ohne Clavier zu schreiben ist ebenfalls nöthig und manchmal eine einfache Melodie Choral mit einfachen und wieder mit verschiedenen Figuren nach den Contrapuncten und auch darüber hinaus durchführen, wird I. K. H. sicher kein Kopfweh verursachen, ja eher, wenn man sich so selbst mitten in der Kunst erblickt, ein grosses Vergnügen. — Nach und nach entsteht die Fähigkeit, gerade nur das, was wir wünschen, fühlen, darzustellen, ein den edleren Menschen so sehr wesentliches Bedürfniss. — Meine Augen gebiethen aufzuhören. — Alles Schöne und Gute E. K. H. und indem ich mich empfehle, nenne ich mich —

Nachschrift.

Hetzendorf.

Wenn E. K. Hoheit mich beglücken wollten mit einem Schreiben, so bitte ich mir Gnädigst die Aufschrift „An L. v. Beethoven in Wien" machen zu lassen, wo ich alle Briefe auch hier durch die Post ganz sicher erhalte. — Wenn E. K. H. die Gnade haben wollten, wenn es sich für Ihre Verhältnisse schickt, doch den Prinzen Anton in Dresden [73] die Messe zu empfehlen, so dass Se. kön. Majestät von Sachsen auf die Messe subscribirten, welches gewiss geschieht, wenn E. K. H. sich nur irgend auf eine Art dafür zeigten. Sobald ich nur davon unterrichtet wäre, dass Sie diese Gnade mir erwiesen hätten, so würde ich mich gleich an den dortigen Generaldirector [74] des kön. Theaters und der Musik wenden, welcher dergleichen auf sich hat, und ihm die Subscriptions-Einladung für den König von Sachsen schicken, welches ich aber ohne eine Empfehlung E. K. H. nicht gern thun möchte. — Meine Oper Fidelio ward auch bei den Festen der Anwesenheit des Königs von Baiern in Dresden mit vielem Beifalle aufgeführt, wo diese Majestäten alle darin zugegen waren. Diese Nachricht erhielt ich vom eben angezeigten Generaldirector, welcher mich durch Weber um die Partitur bitten liess, und mir hernach wirklich ein artiges Geschenk dafür übermachte. — E. K. H. verzeihen schon mein Beschwerlichfallen durch d. g. Bitten, jedoch wissen E. K. H., wie wenig ich sonst zudringlich bin. Aber sollte im mindesten irgend ein Anstoss obwalten, der Ihnen unangenehm wäre, so versteht es sich ohnehin, dass ich deswegen nicht weniger von Ihrem Edelmuthe und Gnade überzeugt wäre. Es ist nicht Geiz, nicht Speculationssucht, welche ich immer geflohen; allein die Nothwendigkeit heischt alles aufbiethen, um aus diesem Zustande herauszukommen. Offenheit, um nicht hart beurtheilt zu werden, ist wohl das beste. — Durch meine beständige Kränklichkeit, wodurch ich nicht so schreiben konnte wie sonst, habe ich eine Schuldenlast von 2—300 fl. C. M.[75] Wirklich nur durch ausserordentliche Anstrengungen ist diese zu tilgen. Geht es mir irgend mit dieser Subscription etwas besser, wie bisher, so wird doch geholfen und wird meine Gesundheit besser, wofür alle Hoffnung da ist, so werde ich durch meine Compositionen mich auch noch wieder auf feste Füsse stellen können. — Unterdessen geruhen E. K. H. diese meine Offenheit nicht ungnädig aufzunehmen. Könnte man mich nicht beschuldigen, nicht so **thätig** zu sein als sonst, so würde ich geschwiegen haben wie immer. Was die Empfehlungen anbetrifft, so bin ich ohnehin überzeugt, dass E. K. H. überall **wo möglich** gerne Gutes wirken, und bei mir hierin keine Ausnahme machen werden.

61.

Hetzendorf, am 15. Juli 1823.

Ich hoffe, dass Ihr Befinden das beste sei. Meine Augen betreffend geht es zwar besser, aber doch langsam. Ich glaube aber wohl, dass ich in 6, höchsens 7 Tägen das Glück haben werde können, E. K. H. aufzuwarten. Brauchte ich nur keine Augengläser, so würde es geschwinder besser. Es ist ein fataler Umstand, welcher mich in allem zurückgesetzt hat. Was mich beruhigt, ist, dass ich gewiss bin, dass E. K. H. überzeugt sind, wie gern und wie froh ich allzeit Ihnen zu Diensten bin. — Ich habe noch eine Bitte an E. K. H., welche ich hoffe, dass Sie mir selbe gnädigst gewähren, nämlich: ich bitte, dass E. K. H. die Höchste Gnade haben, mir ein Zeugniss zukommen zu lassen folgendes Inhaltes, nämlich: **dass ich für E. K. H. die grosse Messe geschrieben, dass Sie selbe schon geraume Zeit besitzen, und dass Sie Gnädigst erlaubt haben, solche gemeinnützig zu machen.** Ohnehin hat es so sollen geschehen, Unwahrheit ist es eigentlich auch nicht, um so mehr darf ich hoffen auf diese Gnade. Dieses Zeugniss wird mir von grossem Nutzen sein, denn wie hätte ich es von meinen geringen Talenten glauben können, dass selbe mich so sehr dem Neide, den Verfolgungen und den Verleumdungen aussetzen würden. Uebrigens hatte ich gleich den Vorsatz gehabt, E. K. H. um Erlaubniss zu bitten, die Messe verbreiten zu dürfen; allein der Drang der Umstände, und überhaupt meine Unbeholfenheit in weltlichen Gegenständen, meine Kränklichkeit hat diese Unordnung hervorgebracht. — Sollte einmal später die Messe im Stiche erscheinen können, so hoffe ich auch selbe I. K. H. im Stiche widmen zu dürfen,[76] und alsdann erst wird die kleine Zahl der subscribirten Hohen Häupter folgen. Immer werde ich E. K. H. als meinen erhabensten Beschützer verehren, und wo es nur immer möglich ist, solches der Welt bekannt machen. — Schliesslich bitte ich noch einmal mir diese Gnade des erbetenen Zeugnisses nicht zu versagen. Es kostet E. K. H. nur einige Zeilen, die aber für mich die besten Folgen haben. —

Die Variationen[77] von E. K. H. werde ich mitbringen. Es wird nicht viel dürfen geändert werden, und so wird es ein recht hübsches, angenehmes Werk für Musikgeniessende werden. Ein ungestümer Bitter muss ich erscheinen: ich bitte bald möglichst um die Gnade des Zeugnisses, da ich es bedarf.

62.

(1823 August.)

Ich befinde mich wirklich sehr übel, nicht allein an den Augen. Ich trachte morgen mich nach Baden zu schleppen, um Wohnung zu nehmen, und werde alsdann in einigen Tägen mich ganz hinbegeben müssen. Die Stadtluft wirkt auf meine ganze Organisation übel, und eben dadurch habe ich mich verdorben, indem ich 2 mal zu meinen Aerzten in die Stadt mich begeben. In Baden wird es leichter sein, mich zu I. K. H. begeben zu können. Ich bin untröstlich sowohl wegen I. K. H. als wegen mir selbst, da meine Thätigkeit so sehr gehemmt ist. — In den Variationen [77] ist einiges angezeigt, mündlich wird es deutlicher. —

63.

Baden, am 22. August 1823.

Ich glaubte gemäss Ihrem Gnädigsten Schreiben an mich, dass Höchtdieselben wieder hieher nach Baden sich begeben würden. Am 13. dieses kam ich hier an sehr übel; doch geht es jetzt besser. Ich war neuerdings von meiner schon gebesserten katarrhalischen Affection befallen worden, nebstdem noch mein Unterleib im elendesten Zustande, nebst meinem Augenübel, kurz meine Organisation war gänzlich zerrüttet. Ich musste nur suchen hieher zu kommen, ohne I. K. H. nur einmal sehen zu können. Gottlob die Augen haben sich so gebessert, dass ich bei Tag selbe schon ziemlich wieder anstrengen kann. Mit meinen übrigen Uebeln geht es auch besser; mehr kann man in dieser kurzen Zeit nicht verlangen. Wie sehr wünschte ich mir, dass I. K. H. hier wären, wo in einigen Tägen alles Versäumte könnte nachgeholt werden. Vielleicht bin ich so glücklich E. K. H. hier sehen zu können und meinen bereitwilligsten Diensteifer Höchstdenselben zu beweisen. Wie bedauere ich um dessentwillen meine fatalen Gesundheits-Umstände. So sehr ich die gänzliche Wiederherstellung davon wünsche, so fürchte ich doch sehr, dass diess nicht geschehen werde und hoffe von I. K. H. desswegen Nachsicht. Da ich wenigstens jetzt doch zeigen kann, wie gern ich E. K. H. zu Diensten bin, so wünsche ich nichts so sehr, als dass Sie Gnädigst davon Gebrauch machen möchten.

64.

(1823.)

Eben in einem kleinen Spaziergange begriffen, und stammelnd einen Canon „Grossen Dank!" -:- -:- -:- und nach Hause kommend und ihn aufschreiben wollend für I. K. H. finde ich einen Bittsteller, der seiner Bitte durch mich den Wahn hat, als ob selbe besser aufgenommen würde. Was will man thun? Gutes kann nicht schnell genug ausgeübt werden, auch den Wahn muss man zuweilen pflegen. — Der Ueberbringer dieses ist der Kapellmeister Drechsler [78] vom Josephstädter und Badner Theater. Er wünscht die 2. Hoforganisten-Stelle zu erhalten. Er ist ein guter Generalbassist, wie auch ein guter Orgelspieler, selbst auch als Componist vortheilhaft bekannt, alles Eigenschaften, welche ihn zu dieser Stelle empfehlen können. Er glaubt mit Recht, dass die beste Empfehlung, welche ihm sicher diese Stelle verschaffen würde, die von I. K. H. sei, da I. K. H. als grosser Kenner und Ausüber das wahre Verdienst am besten zu würdigen wissen. Ein solches Zeugniss werden Se. Kais. Majestät gewiss allen andern vorziehen. Ich vereinige daher meine Bitten zwar schüchtern mit denen des Herrn D., jedoch auch überzeugt von der Milde und Gnade I. K. H. wieder mit einiger Hoffnung, dass der Hohe Beschützer und Unterstützer alles Guten auch hier gern wirken werde nach Vermögen. —

Morgen folgt mein Canon [79] nebst dem Bekenntnisse meiner Sünden, wissentliche und unwissentliche, wo ich um die Gnädigste Absolution bitten werde. Für heute verbieten mir leider noch meine Augen I. K. H. alles Schöne für dieselbe wünschen und sagen zu können.

Nachschrift.

Es verdient auch mit in Anschlag gebracht zu werden, dass Hr. D. unentgeldlicher Professor des Generalbasses schon 10 Jahre hindurch ist bei St. Anna.

65.

(1823.)

Ich höre eben hier, dass I. K. H. morgen hier ankommen. Wenn ich noch nicht den Wünschen meines Herzens folgen kann, so bitte ich dieses meinen Augen zuzuschreiben. Es geht viel besser, aber noch mehrere Tage darf ich die Stadtluft nicht einathmen, deren Wirkung auf meine Augen noch nachtheilig wirken würde. Ich wünsche nur, dass I. K. H. die Gnade haben, mich das nächstemal, wenn Sie von Baden zurückkehren, benachrichtigen zu lassen, auch gnädigst, um welche Stunde ich erscheinen soll, wo ich mich wieder freue, das Glück zu haben, meinen Gnädigsten Herrn zu sehn. Da aber natürlich I. K. H. so lange nicht mehr hier bleiben werden, so ist wohl nöthig, dass diese wenige Zeit dazu benützt werde, unsere Kunstbetrachtungen und Ausübungen anzustellen. — Grossen Dank ÷ ÷ ÷[79] überbringe ich ich selbst, oder der Dank kommt nach Baden. — Hr. Drechsler dankte mir heute für die Freiheit, welche ich mir erlaubt habe, ihn I. K. H. zu empfehlen. I. K. H. haben ihn so gnädig aufgenommen, wofür ich ebenfalls meinen heissen Dank abstatte. Möge es E. K. H. auch gefallen, nur nicht sich wankend machen zu lassen, denn wie man vernimmt, sucht Abbé Stadler auch einem Andern diese Stelle zu verschaffen. Es wird ebenfalls sehr erspriesslich für Drechsler sein, wenn I. K. H. die Gnade haben, mit Graf Dietrichstein [80] desswegen zu sprechen. — Ich bitte nochmals gnädigst um die Gnade, mir die Zurückkunft von Baden zu wissen machen zu lassen, wo ich sogleich in die Stadt eilen werde, meinem einzigen Herrn, den ich in der Welt habe, aufzuwarten. — Die Gesundheit scheint von E. K. H. gut zu sein. Dem Himmel sei Dank für so viele, die dieses wünschen, worunter ich auch zu zählen bin.

66.

(1823.)

Innigst gerührt empfieng ich gestern Ihr gnädiges Schreiben an mich. Unter dem Schatten eines grünenden herrliche Früchte tragenden Baumes ebenfalls grünen zu dürfen, ist ein Labsal für Menschen, welche das Höhere fühlen und zu denken vermögen. So ist mir auch unter der Aegide I. K. H.! — Mein Arzt versicherte mir gestern, dass es sich mit meiner Krankheit bessere, jedoch muss ich noch immerfort eine ganze Mixtur binnen 24 Stunden ausleeren, welche, da sie abführt, mich äusserst schwächt, und hiebei bin ich noch gezwungen, alle Tage, wie I. K. H. aus den beigelegten Verhaltungsmassregeln meines Arztes ersehen, grosse Bewegung zu machen. Unterdessen ist Hoffnung da, dass ich bald, wenn auch noch nicht ganz hergestellt, doch werde noch viel um I. K. H. sein können während Ihres hiesigen Aufenthaltes. — Indem ich in dieser Hoffnung lebe, wird auch sicher meine Gesundheit noch schneller wieder als gewöhnlich sich einstellen. — Der Himmel segne mich durch I. K. H. und der Herr selbst sei immer über und mit I. K. H. Höheres gibt es nichts, als der Gottheit sich mehr als andere Menschen nähern, und von hier aus die Strahlen der Gottheit unter das Menschengeschlecht verbreiten. — Tief durchdrungen von der Gnädigen Gesinnung I. K. H. gegen mich hoffe ich baldigst mich Ihnen selbst nahen zu können. —

67.

(?) [81]

Ich kam eben gestern nach Hause, als ich hörte, dass ich nicht die Gnade haben sollte zu I. K. H. zu kommen. Schon gestern machte die Witterung üble Wirkung auf mich; ich bin daher leider verbunden, noch heute zu

Hause zu bleiben, ich werde es künftige Woche schon einzubringen suchen. Ich bedauere nur mich selbst, von der Gnade, bei I. K. H. sein zu können, heute mich ausgeschlossen zu sehn müssen.

68.

(?)

Ein plötzlich gestern Abends erfolgter Anfall von Kolik lässt es nicht zu, trotz meinen Wünschen und besten Willen Ihnen heute aufwarten zu können. Obschon mein Zustand sich gebessert, so muss ich doch heute und morgen das Zimmer hüten; allein ich hoffe längstens übermorgen wieder des Glückes I. K. H. sehen zu können, geniessen zu können, und mich ihrer Huld theilhaftig zu machen. Wenn diese Nachricht etwas späte anlangt, so schreiben I. K. H. dieses Gnädigst verhindernden Umständen zu.

69.

(?)

Ich bin wieder genöthigt das Zimmer zu hüten. So unangenehm es mir auch ist, deshalb nicht die Gnade bei I. K. H. zu erscheinen zu haben, so muss ich mich doch mit Geduld drein ergeben. Unterdessen werde ich die Gnädigste Nachsicht I. K. H. nicht gar zu lange in Betreff meiner in Anspruch zu nehmen genöthigt sein, da ich recht bald hoffe Ihnen aufwarten zu können, so wie ich I. K. H. die beste vollkommenste Gesundheit wünsche.

70.

(?)

In einigen Tagen werde ich die Ehre haben, Ihnen wieder meine Aufwartung machen zu können; ich bitte um Nachsicht für mein langes Ausbleiben. Es ist trotz meinem gesunden Aussehen wirklich Krankheit, Abspannung der Nerven, woran ich die ganze Zeit hindurch leide; doch geht es seit einigen Tägen besser, welches macht, dass ich meinen Verlust, nicht die Gnade haben zu können, um I. K. H. sein zu können, nun bald nicht mehr fühlen werde, und zeigen kann, wie sehr es mir am Herzen liegt, Ihre Gnade zu verdienen. —

71.

(?)

Ich danke Ihnen recht lebhaft für Ihre Gnädige Theilnahme an mir. Es geht mir wirklich besser, und ich werde mich morgen selbst bei I. K. H. anfragen können, wie Sie es mit Ihren Stunden Vormittags halten wollen, indem mir vom Arzte streng untersagt ist, mich später als gegen 6 Uhr Abends zu Hause befinden (?) zu müssen. Ich weiss ohnediess, dass I. K. H. die Stunden Morgens gern genehmigen werden. —

72.

(?)

Seit Sonntag schon übel auf, musste ich das Zimmer hüten, doch — da ich jeden Tag glaubte, mich besser zu befinden, um mich zu Ihnen zu begeben, meldete ich Ihnen nichts — da ich es zu unwichtig für I. K. H. glaubte. Es ist mir aber seit heute besser, so dass ich sicher die Ehre haben werde, Ihnen morgen aufwarten zu können. — Ich hoffe auf jeden Fall für die von allen erwünschte Gesundheit I. K. H., dass das Arcanum — ein wahres Arcanum sein möge. —

73.

(?)

Ich sage I. K. H. den lebhaftesten Dank für Ihre Gnädige Herablassung sich um meine Gesundheit zu erkundigen. — Wäre mein Zustand nicht so schwankend, so würde ich gewiss I. K. H. längst aufgewartet haben, allein er hat sich noch eher verschlimmert, und ich bin zu unsicher, dass mir selbst bei I. K. H. nicht etwas zustossen möchte. Die Folgen eines so starken Enzündungs-Katarrh verlieren sich äusserst langsam, und erfordern ein ängstliches Leben. — Gestern befand ich mich sehr übel, heute geht es mir unterdessen besser. Der Arzt versichert mich, dass bei dieser Witterung mein Zustand beinahe gehoben (sein?) dürfte, und da ich heute schon so grosse Besserung empfinde, hoffe ich wenigstens künftige Woche I. Kais. H. wieder aufwarten zu können. — Mein Zustand fällt mir um so schmerzlicher, da ich nicht im Stande bin E. K. H. meine eifrigste Dienstergebenheit zu bezeigen. —

74.

(?)

Ich bitte sehr um Nachsicht, da ich I. K. H. mein nicht Kommen nicht anzeigen konnte; die Ursache werde ich mündlich vorbringen. Seit Sonnabend hat sich mein Zustand wieder verschlimmert, und es werden immer noch einige Täge vergehen, ehe ich E. K. H. wieder aufwarten kann, indem ich sehr behutsam in meinen Ausgängen sein muss. Ich bin doppelt traurig sowohl wegen mir selbst als auch meinen Diensteifer nicht zeigen zu können. —

75.

(?)

Ich bin leider gezwungen, wieder einige Täge zu Hause bleiben zu müssen; jedoch darf ich hoffen, dass meine gänzliche Herstellung sich bälder zu meinen Gunsten einstellen wird, und ich dadurch nicht der Gnade beraubt werde, I. K. H. aufwarten zu können. —

76.

(?)

Für heute werden Sie mir Gnädigst verzeihen, wenn ich I. K. H. nicht aufwarte, da ich bei dieser Witterung wegen meinem Husten nicht ausgehen darf. Morgen kann es unmöglich sein wie heute, und da werde ich sicher das höchste Vergnügen für mich finden, indem ich wieder meinen Diensteifer für I. K. H. zeigen kann. —

77.

(?)

Ich bitte um doppelte Gnädige Nachsicht, erstlich weil ich heute Vormittag I. K. H. nicht aufgewartet, zweitens weil ich mich so spät deshalb entschuldige. — Ich wurde heute Nacht wieder sehr krank, doch befinde ich mich diesen Nachmittag etwas besser, und hoffentlich kann ich wieder übermorgen bei I. K. H. erscheinen. — Der Arzt verspricht mir, dass ich bis Hälfte Juni gewiss ganz hergestellt sein werde, welches ich um so eher wünsche, damit bei I. K. H. kein böses Vorurtheil entstehen möge. Gewiss ist mein Wille der reinste und nur meine Kränklichkeit verhindert mich an der Erfüllung.

78.

(?)

Ich war schon einige Täge vorher nicht wohl, als Höchstdieselben zu mir schickten, indem ich nur, da ich keine Haushaltung habe, zum Essen gieng. Dies war mein ganzer Ausgang; aber gerade am selben Tage, als I. K. H. schickten, ward es ärger, ein starker Katarrh gesellte sich dazu, und so muss ich schon einige Täge leider zu Hause bleiben. Er war nicht möglich, dieses E. K. H. eher zu wissen zu machen bis heute. — Uebrigens ist meine obenerwähnte frühere Unpässlichkeit Schuld, dass ich mich nicht persönlich selbst bei der Unpässlichkeit I. K. H. nach Ihrem Wohle erkundigte. — Ich hoffe bald im Stande zu sein zu I. K. H. eilen zu können, und Ihnen sagen zu können, dass ich allzeit bin und sein werde —

79.

(?)

Eine dringende Angelegenheit verhindert mich, heute Abends zu Ihnen wie gewöhnlich zu kommen; es müsste denn sein, dass ich später zu I. K. H. kommen könnte, z. B. gegen 7 Uhr, wenn Sie vielleicht nicht das Theater besuchen. — Ich erwarte Ihre Befehle deswegen.

80.

(?)

Ich bitte nur einige Täge noch Nachsicht mit mir zu haben, erstlich weil ich nicht wohl bin, zweitens weil ich nothwendige, unaufschiebbare Compositionen zum Ende fördern muss, wo ich nicht wohl aussetzen kann, denn leider sind sie von der Art — Sonst sind Sie ohnedem überzeugt, dass mein Diensteifer für Sie keine Gränzen haben kann; allein ein ausserordentliches Ereigniss hemmt mich in diesem Augenblick, meinen höchsten Wünschen, Ihnen zu dienen, nachgeben zu können: doch werde ich in höchstens 4 Tägen wieder so weit sein Ihnen aufwarten zu können. —

81.

(?)

Oefter hatte ich mir vorgenommen mich persönlich zu erkundigen um den Zustand Ihrer Gesundheit, allein ich musste selbst schon mehrmals Zimmer und Bett hüten von 8 Tagen zu 8 Tagen. So ist es auch jetzt eben wieder. Ich wünsche innigst, dass die Gesundheits-Umstände I. K. H. sich bald bessern, was mich angeht, so hoffe ich, dass ich nicht zu pausiren brauche, sobald Sie wieder im Stande sein können, zu musiciren. —

82.

(?)

Ich musste heute noch Arzenei einnehmen, trotz dem glaubte ich doch noch so glücklich sein zu können, I. K. H. heute aufzuwarten; leider aber befinde ich mich schwächer als gestern. Ich habe versucht auszugehen, musste aber nach einigen Minuten umkehren; das gar schlechte Wetter ist wohl mit schuld daran. Zwischen heute und morgen erhole ich mich gewiss, und Montags vor 6 Uhr (da ich höre, dass dieses jetzt die genehmste Stunde für I. K. H. sei) werde ich so glücklich sein, bei I. K. H. erscheinen zu können. Ich bitte innigst mir Ihre gnädigen und huldvollen Gesinnungen zu bewahren. —

83.

Am 4. April (?).

Mein Zustand hat sich wieder verschlimmert, und so wird es wohl noch einige Täge anstehen, bis ich genesen bin. Ich bin wahrhaft untröstlich, I. K. H. nicht aufwarten zu können; die Witterung scheint, obschon ich mich schon selbst angeklagt, doch Schuld an meinem Leiden zu sein. Ich hoffe und wünsche mir, dass I. K. H. nicht auch davon hingerissen werden. Ich aber hoffe bald mich meinem verehrtesten erhabenen Schüler nahen zu können, durch dessen Gnädige Theilnahme ich mich in manchen Leiden und für mich seit einiger Zeit schmerzhaften Ereignissen gelindert fühle. —

84.

(?)

Heute ist es unmöglich meinen innigsten Wünschen zu entsprechen, und Ihnen aufzuwarten; morgen aber hoffe ich, dass I. K. K. mir erlauben, um die gewohnte Stunde mich zu Ihnen zu verfügen. —

85.

(?)

Sollten I. K. H. mir nicht absagen lassen oder morgen eine andere Stunde wünschen, so werde ich morgen Abend gegen 5 Uhr die Ehre haben Ihnen aufzuwarten. Warum ich nicht schon meinen liebsten Wünschen, oft und nahe das Glück stets und nahe um I. K. H. zu sein habe leider willfahren (?) können, lässt sich am besten mündlich darstellen. Ich hoffe, dass der Herr meine Bitten für Ihr Wohlergehen, wie die andern gnädiglich erhöre. —

86.

(?)

Da ich sehe, dass Sie nicht bei Fürst Lobkowitz spielen, wohl aber doch Ihren Abend dort zubringen, so werde ich morgen um 5 Uhr Abends die Ehre haben, Ihnen aufzuwarten. —

ANMERKUNGEN.

[1] Die Reise nach Teplitz fiel in das Jahr 1812.

[2] Der seiner Zeit sehr gesuchte Arzt Dr. Malfatti in Wien wurde damals von Beethoven consultirt.

[3] Ueber das Zusammentreffen mit Göthe äussert sich Beethoven sehr knapp. Göthe in seinen Tags- und Jahresheften von 1812 erwähnt gelegentlich seines Aufenthaltes in Teplitz Beethovens gar nicht (Göthe's Werke Bd. 32. p. 79.). Es scheint daher nicht, dass beide Geister in ihrer körperlichen Begegnung absonderliches Gefallen an einander gefunden haben. Beethoven widmete zwar dem „unsterblichen Göthe" (1822), die Composition der „Meeresstille und Glücklichen Fahrt," schrieb jedoch nur ein einziges Mal (1823) an ihn, eine Subscription auf die grosse Messe bei dem Grossherzog von Weimar zu vermitteln, erhielt aber von Göthe keine Antwort. In den sämmtlichen Werken wird der Name Beethovens nur Einmal von Göthe genannt, wo er von der kirchlichen Todtenfeier für Beethoven referirt (Werke 45. Bd. p. 397).

[4] Dr. Staudenheim war wie Malfatti einer der renommirtesten Aerzte Wien's. Auch mit St. war Beethoven näher bekannt, aber er folgte in seinem Regime weder den Anordnungen Staudenheim's noch Malfatti's.

[5] Die Stadt Baden bei Wien war am 16. Juli 1812 durch einen verheerenden Brand schwer heimgesucht worden.

[6] Giov. Batt. Polledro, Kapellmeister in Turin, geb. 1776, machte als Violinspieler von 1809—1812 Reisen durch Deutschland. Im März 1812 gab er ein Concert in Wien.

⁷ Die Violin-Clavier-Sonate konnte Op. 47 (comp. 1803, erschienen 1805 nach Thayer n. 111.) oder eine der früher componirten Op. 30 oder 24 oder 23 gewesen sein.

⁸ Fürst Franz Josef Lobkowitz starb 25. Dec. 1816, seine Musiken wurden gewiss bis 1813, wo nicht länger fortgesetzt.

⁹ 1813. Jänner—Februar.

¹⁰ Im Jänner 1813 war der Violinspieler Pierre Rode in Wien eingetroffen, am 6. Februar gab er ein Concert im Redoutensaale, befriedigte nicht durchaus (A. M. Z. 1813, p. 114); zu einem zweiten Concerte, das er geben wollte, scheint es nicht gekommen zu sein. Am 20. und 27. Februar spielte er bereits in Gratz (der Sammler 1813 p. 240). — Es scheint, dass Rode mit Beethoven bei Erzherzog Rudolf spielen sollte, wozu Beethoven sich zu einer Composition für beide anschickte. Sollte diese die Sonate für Pianoforte und Violine Op. 96 gewesen sein, die er später dem Erzherzoge dedicirte? Sie wurde nach Thayer von B. 1810 componirt und im April 1815 dem Musikverleger Steiner in Wien verkauft. An eine andere Composition für Clavier und Violine ist schwer zu denken. — Ein Irrthum ist es aber, wenn in der Bibliothèque universelle (Michaud) Nouv. édit Tome 36. p. 210 behauptet wird, B. habe für Rode während dessen Aufenthaltes in Wien die „delicieuse romance" componirt, die von Baillot so schön auf der Violine gesungen wurde. Von Beethoven sind nur 2 Romanzen für Violine bekannt, deren eine in G-dur Op. 40. im J. 1803, und die zweite in F-dur Op. 50. bereits im Jahr 1805 erschienen war. Thayer 102 und 104.

¹¹ Fürst Ferdinand Josef Kinsky, geb. 4. Dec. 1781, war am 3. Nov. 1812 an den Folgen eines Sturzes vom Pferde plötzlich gestorben.

Nachdem die beiden ersten Bogen dieser Schrift gedruckt waren, kam mir von befreundeter Hand aus Prag folgende, aus amtlichen Quellen geschöpfte Notiz zu: „Die Obervormundschaft zu Prag erkannte am 18. Jänner 1815, dass die Fürst Kinsky'sche Vormundschaft verpflichtet sei, dem Hrn. Ludwig van Beethoven den Unterhaltungsbeitrag von 1200 Gulden in Einlösungsscheinen (= 480 Gulden Conventions-Münze) durch seine ganze Lebenszeit zu entrichten." Diesem Entscheide wurde genaueste Folge geleistet. Damit ist zugleich festgestellt, dass Beethoven, die im Eingange erwähnten 600 fl. Conv.-Mze. des Erzherzogs Rudolf und 280 fl. des Fürsten

Lobkowitz einbegriffen, einen Jahresgehalt von 1360 Gulden Conv.-Mze. in Silber bis zu seinem Sterbetage bezog. Darnach ist die Angabe Seite 6 zu berichtigen. — Mit dem erwähnten Betrage konnte zu jener Zeit ein einzelner Mann ganz anständig auskommen.

[12] Fürst „Lobkowitz' Unfälle" werden wahrscheinlich auf grössere Finanzverlegenheiten zu beziehen sein, welche diesen musik- und prachtliebenden Fürsten schon mehrere Jahre vor seinem Ableben heimsuchten. Es scheinen mehrere Versuche von Beethoven gemacht worden zu sein, den Fürsten zur Fortbezahlung der zugesagten Subvention zu bestimmen, wiewohl längere Zeit vergeblich; im Jahre 1816 muss aber dieselbe wieder aufgenommen gewesen sein, denn am 8. März d. J. schreibt B. an Ries, sein Gehalt betrage 3400 fl. E. Sch.; diese ergeben sich aus 1500 fl. des E. H. Rudolf, 1200 fl. des Fürsten Kinsky und 700 fl. des Fürsten Lobkowitz, und diese 700 fl. E. Sch. (= 280 fl. C. M.) wurden zufolge der Nachlassacten Beethoven's bis an sein Ende fortbezahlt.

[13] Im Quartett des Grafen Rasumowsky, dem Beethoven bekanntlich mehrere Compositionen widmete, spielten die Virtuosen Schuppanzigh (erste), Sina (zweite Violine), Linke (Cello), Weiss (Viola).

[14] 1813, Spätherbst.

[15] Die erwähnten Akademien wurden im Universitätssaale am 8. und 12. December 1813 abgehalten und dabei die Schlacht von Vittoria und die A-dur-Symphonie zum erstenmale gegeben. Beethoven dirigirte.

[16] 1814, Frühling.

[17] Unter dem „Schlusschor", dessen Partitur Beethoven vom Erzherzoge sich erbittet, ist mit grösster Wahrscheinlichkeit der Schlussgesang „Germania! Germania!" zu dem Singspiele: „Die gute Nachricht" von Treitschke gemeint, welches auf die Einnahme von Paris sich bezog, und zum erstenmale zu Wien im Kärnthnerthortheater am 11. April 1814 aufgeführt wurde. Später ward derselbe Schlusschor anstatt eines andern von Beethoven („Es ist vollbracht") auch in das Singspiel von Treitschke, „die Ehrenpforten,"

eingelegt, welches zuerst am 15. Juli 1815 im Theater nächst dem Kärnthnerthore gegeben wurde. Beide Schlussgesänge sind: „Germania" in Breitkopf-Härtels Beethoven-Ausgabe n. 207 d, der andere: „Es ist vollbracht" n. 207 c in Partitur gedruckt.

[18] Die Briefe **13** und **14** beziehen sich auf die Wiederaufführung der Oper Fidelio, welche seit 1806 nicht gegeben worden war, und erst am 23. Mai 1814 im Theater nächst dem Kärnthnerthore wieder auf der Bühne erschien. Am 18. Juli hatte Beethoven's Benefice mit 2 neucomponirten Einlagsstücken wirklich Statt.

[19] Im Jahre 1814 gab Beethoven am 2. Jänner eine Academie, wobei Wellington's Sieg und am 26. März eine andere für den Theaterarmenfond, wobei die Egmont-Ouverture und abermals Wellington's Sieg von Beethoven selbst dirigirt wurde.

[20] Anna Milder, k. k. Hofopernsängerin, eine Schülerin Vogl's, die erste Darstellerin der Leonore in Fidelio.

[21] Unter Mylord Falstaff wird wahrscheinlich der beleibte Violinspieler Schuppanzigh gemeint sein.

[22] Joh. Mich. Vogl, geb. 10. Aug. 1768, war Hofopernsänger in Wien (Tenor) von 1794 bis 1822, starb 19. Nov. 1840.

[23] Forti, geb. 8. Juni 1790, Mitglied des Hofoperntheaters (Bariton), pensionirt 1834.

[24] Am 23. Nov. 1814 war ein Carroussel in der k. k. Reitschule. Vielleicht wurde Beethoven vom Erzherzog aufgefordert, dazu eine Musik zu componiren, welche aber nicht weiter bekannt wurde.

[25] Im Jahre 1814 war der Mechaniker Mälzel, dem Beethoven 50 Ducaten schuldete, nach England gereist und hatte dort Beethoven's „Wellington's Sieg" öffentlich zur Aufführung gebracht. Beethoven protestirte heftig gegen diese Anmassung und möglicher Weise schickte er um diese Zeit eine geschriebene Partitur jener Composition nach London, wie dessen der Brief erwähnt. (Schindler, Biogr. Beeth. p. 90 ff.)

[26] Die Angelegenheit in Prag war wahrscheinlich immer dieselbe, die Austragung der Subvention durch die Vormundschaft nach Fürst Kinsky's Tode.

[27] Die Cantate „der glorreiche Augenblick", Gelegenheitsgedicht von Dr. Alois Weissenbach, für Chor und Orchester componirt von Beethoven (Op. 136), wurde zuerst in Wien am 29. Nov. 1814 aufgeführt und am 2. December wiederholt.

[28] Welche Academie Beethoven im Jahre 1814 im Theater für sich gab, konnte ich nicht ermitteln; da auch der genaue Musik-Referent aus Wien um jene Zeit in die Allg. Leipz. Mus.-Ztg. nichts davon erwähnt, so scheint sie gar nicht stattgefunden zu haben.

[29] Die neue Oper, mit dessen Sujet sich Beethoven 1815 beschäftigte, könnte „Romulus", Gedicht von Treitschke, gewesen sein. A. M. Z. 1815. p. 854.

[30] Das Geschenk bezieht sich wahrscheinlich auf die Academie vom 29. Nov. oder 2. Dec. 1814.

[31] 1814 oder 1815. Fürst Lobkowitz lebte noch. († 21. Dec. 1816.)

[32] Die Angelegenheit wegen der Subvention nach Fürst Kinsky wurde 1812 anhängig gemacht. 3 Jahre später (also 1815) ist dieser Brief geschrieben.

[33] Graf Ferdinand Troyer war Kammerherr des Erzherzogs Rudolf.

[34] Beethoven meinte, die Vormundschaft des jungen Fürsten Kinsky werde sich nicht herbeilassen, den Betrag von 1800 fl. in den damals giltigen Einlösungsscheinen voll zu bewilligen, sondern einen geringeren nach der gesetzlichen Scale.

[35] Festlichkeiten wegen der Prinzessin von Baden mögen in die Congresszeit (1814) gefallen sein.

[36] Das neue Trio, wenn es jenes aus B für Pianoforte, Violine, Violoncelle Op. 97 ist, wurde zuerst 11. April 1814 im Saale zum römischen Kaiser aufgeführt. Auch die Briefe **22** und **23** spre-

chen von diesem Trio, das 1811 componirt wurde und Juli 1816 herauskam. Thayer n. 164.

[37] Die Sonate für Clavier und Violine, G-dur, Op. 96, wurde von dem Musikverleger Haslinger 1. April 1815 gekauft und erschien Ende Juli 1816, war also 1814 — wahrscheinlich 1813 componirt. Thayer n. 162 meint gar schon 1810. Vergl. Briefe **4** u. **5**.

[38] Wenn unter den 2 Sonaten (für Clavier) mit Violoncelle oblig. jene des Op. 102 gemeint sind, so wurden sie im Juli — August 1815 componirt, und erschienen 13. Jänner 1819 (Thayer n. 198). Der Brief konnte also aus dem Jahre 1815 sein.

[39] Die Briefe **25**, **26**, **27** sprechen theils ausdrücklich von der Sonate (für Clavier) aus E-moll, Op. 90, welche gestochen werden oder schon in Correctur begriffen sein soll, theils deuten sie auf dieselbe hin. Diese Sonate, welche dem Grafen Lichnowsky zugeeignet ist, wurde 16. Aug. 1814 componirt und erschien im Juni 1815.

[40] Welche neue Ereignisse Beethoven meint ausser seinen bekannten Subventions- und Vormundschafts-Calamitäten ist nicht zu errathen.

[41] Im Jahre 1815 wurde der Chor „die Meeresstille" von Beethoven componirt. Sollte Beethoven dieser Chor eingefallen sein? Die Stilisirung dieses Briefes lässt alles im Dunkel, was er damit sagen wollte.

[42] Der alte „Krafft" war ein geschickter Violoncellist, der bei der Kapelle des Fürsten Lobkowitz angestellt war, bei der eingetretenen Finanzkrise des Fürsten seine Anstellung verlor und seine Wohnung räumen musste.

[43] Karl van Beethoven Ludwig's Bruder), Kassier bei der k. k. Banco-Hauptkasse, war am 15. Nov. 1815 gestorben (Wr. Ztg. 1815. 1288), der Sohn und die Witwe desselben machten dem Onkel und Schwager noch viel zu schaffen.

[44] Sollte Beethoven hier die Dedication der Sonate für Clavier und Violine in G-dur, Op. 96, meinen, die ungeachtet schon im April 1815 an den Verleger verkauft, doch erst in der Wr.

Zeitg. vom 29. Juli 1816 als ganz neu erschienen angezeigt wurde? Thayer n. 162.

⁴⁵ Ein Jahr nach Karl van Beethoven's Tode. († 15. Nov. 1815.)

⁴⁶ Da der Gemahlin des Erzherzogs Karl (Ludwig) erwähnt wird, welcher am 17. Sept. 1815 mit Prinzessin Henriette von Nassau sich vermählt hatte, so muss dieser Brief jedenfalls von späterem Datum sein.

⁴⁷ Der „arme Teufel" wird seiner Namenlosigkeit schwerlich zu entreissen sein.

⁴⁸ In der Academie für die Bürger am 25. December 1816 in dem k. k. Redoutensaale hatte Beethoven seine A-dur-Symphonie dirigirt.

⁴⁹ Die Briefe **37, 38** sprechen von den Variationen (für Clavier), die der Erzherzog Rudolf componirt und seinem Lehrer Beethoven dedicirt hatte. Sie kamen 1819 in Steiner & Comp. Mus.-Museum, 7. Heft, heraus, unter dem Titel: „Aufgabe von Ludwig van Beethoven gedichtet, vierzig Mal verändert und ihrem Verfasser gewidmet von seinem Schüler R. E. H."

⁵⁰ Das schreckliche Ereigniss, das sich Ende 1818 in Beethoven's Familienverhältnissen zugetragen haben soll, ist nicht zu ermitteln.

⁵¹ Die Verhandlungen wegen der Vormundschaft über den ungerathenen Neffen und dessen von Beethoven übelbeleumdeten Mutter sind in voller Blüthe. 1819 kam der Neffe in die Erziehungsanstalt. Br. **40, 41, 42**.

⁵² „Mit der besseren Kunstvereinigung" ist ganz unverständlich.

⁵³ Wahrscheinlich war der Obersthofmeister Graf Laurencin mit der Manier des Aussuchens der Musicalien von Beethoven nicht einverstanden. Das konnte für den Ausfall des erzürnten Meisters genügen.

⁵⁴ Die „neue Anerkennung und Verherrlichung des Erzherzogs" bestand darin, dass der Kaiser Franz dem neuen Erzbischof von Olmütz, Erzherzog Rudolf, das Grosskreuz des Stephansordens verliehen hatte. (Wr. Zeitg. vom 30. Aug. 1819.)

⁵⁵ Die Messe für die Inthronisationsfeier des Erzh. Rudolf in Olmütz (20. März 1820) wurde von Beethoven erst 1822 vollendet.

⁵⁶ Beethoven gerieth aber darüber nicht in Verzweiflung: der gütige Erzherzog hatte ihm dieses, wie vieles andere nachgesehen, und sogar die Zueignung der sehr verspäteten Composition angenommen.

⁵⁷ Wegen der Variationen des Erzh. Rudolf ist Anmerkung 49 nachzusehen.

⁵⁸ Die Briefe **46, 47, 48** beziehen sich auf Voranstalten zu Musiken, wobei Beethoven dem Erzherzog seine Werke hören liess. Da der Erzherzog 1820 nach Olmütz übersiedelte, so dürften die Briefe etwa in das Jahr 1819 fallen.

⁵⁹ Anton Wranitzky, geb. 1760, gest. 1819, war Dirigent der Oper und Kapelle des Fürsten Lobkowitz. — Sein Bruder Paul W., geb. 1756, gest. 1808, war von 1785 bis 1808 Kapellmeister am Hofoperntheater zu Wien.

⁶⁰ Die grosse „Sonate" mit 2 Stücken und noch 2 Stücken, wovon das letzte ein grosses Fugato ist, kann kaum eine andere als die Sonate für Clavier Op. 106 sein, welche 1818 componirt wurde, im September 1819 erschien und dem Erzherzog Rudolf gewidmet ist. (Thayer n. 215.)

⁶¹ Das neueste Ereigniss, auf das Beethoven anspielt, ist wohl die Ernennung zum Erzbischof.

⁶² Abermals die grosse D-Messe, die nicht fertig werden wollte.

⁶³ Die Verhältnisse, die ihn hinderten, fertig zu werden, waren ohne Zweifel die fortdauernden Conflicte mit seinem Neffen und dessen Mutter.

⁶⁴ Ganz ohne weiteren Anhalt für die Zeitbestimmung sind die Br. **52** und **53**, da die Leiden des Erzherzogs sich so oft erneuten und erst mit seinem Tode aufhörten.

⁶⁵ Wieder ist hier die grosse D-Messe gemeint.

⁶⁶ Die Novitäten, welche Beethoven dem Erzherzoge schickt, konnten gewesen sein:
     6 Bagatellen für Clav. Op. 126. (Comp. um 1821.)
     Sonate für Clav. E-dur — 109.   —   — ? 1821.)
     —   —   —   As-dur — 110.   —   — 1821.)

⁶⁷ Die Sonate für Clavier C-moll Op. 111?

⁶⁸ Diese Sonate Op. 111, dem Erzherzog Rudolf zugeeignet, wurde 1822 componirt, erschien Anfangs 1823 bei Schlesinger in Berlin und Paris.

⁶⁹ Die „Variationen" sind wohl jene XXXIII Var. für Clavier, C-dur, Op. 120, über einen Walzer von A. Diabelli, der Mad. Brentano gewidmet. Sie wurden 1823 componirt und erschienen desselben Jahres im Juni. (Thayer n. 240.)

⁷⁰ Die grosse D-Messe.

⁷¹ Die Symphonie, welche Beethoven in 14 Tagen vollendet haben wollte, war die 9. in D-moll Op. 125, componirt 1822 - 1823, zuerst aufgeführt 7. Mai 1824, erschienen 1826.

⁷² Die von Beethoven erwähnten Variationen, Compositionen des Erzherzogs, erschienen nicht gedruckt und sind ausserdem nicht bekannt.

⁷³ In dem Schreiben des Erzh. Rudolf vom 31. Juli 1823 heisst es: „Mein Schwager der Prinz Anton hat mir schon geschrieben, dass der König von Sachsen Ihre schöne Messe erwartet.

⁷⁴ Der Generaldirector der musicalischen Hofkapelle und Hofoper in Dresden war (1823) von Könneritz.

⁷⁵ Die Schuld von 2—300 fl. hat Beethoven nur darum gemacht, um seine Fondspapiere nicht verwerthen zu dürfen; in wirklicher Noth war er nicht.

⁷⁶ Die grosse Messe (Op. 123) erschien gedruckt im Jahre 1827 mit folgender Zueignung: „Missa composita et Serenissimo ac Eminentissimo Domino Domino Rudolpho Joanni, Principi et Archiduci Austriae, S. R. E. Tit. s. Petri in monte aureo Cardinali et Archiepiscopo Olomucensi profundissima cum veneratione dedicata a Ludovico van Beethoven. Op. 123."

⁷⁷ Die vom Erzh. Rudolf componirten Variationen der Briefe **61** und **62** sind von den gedruckten verschieden und nicht bekannt.

⁷⁸ Josef Drechsler, Componist, geb. 28. Mai 1782, gest. 27. Febr. 1852, war 1812 Kapellmeisters-Adjunct des k. k. Hofoperntheaters in Wien, eröffnete 18. Febr. 1815 eine Musikschule und ertheilte unentgeltlichen Unterricht im Generalbass- und Orgelspiele, wurde 1816 Regenschori bei St. Anna, 1822—30 Kapellmeister im Leopoldstädtertheater, 1844 bis zu seinem Tode Organist bei St. Stephan in Wien. Es traten im Jahre 1823 zwei Besetzungen von Hoforganistenstellen ein: W. Ružička starb 31. Juli 1823 und J. Henneberg am 27. Nov. 1822; diese Stellen wurden durch H. Wořiček und S. Sechter besetzt. — In dem Schreiben des Erzh. Rudolf vom 31. Juli 1823 heisst es: „Wegen dem D....r habe ich unseren gnädigsten Monarchen, wie auch den Grafen Dietrichstein gesprochen. Ob ihm diese Anempfehlung nützen wird, weiss ich nicht, da ein Concurs für jene Stelle sein wird, wo jeder, der sie zu erhalten wünscht, seine Fähigkeiten beweisen muss. Es würde mich freuen, wenn ich diesem geschickten Manne, den ich mit Vergnügen vorigen Montag in Baden die Orgel spielen hörte, nützlich sein könnte, um so mehr, da ich überzeugt bin, dass Sie keinen Unwürdigen empfehlen werden. — Ich hoffe, Sie haben doch Ihren Canon aufgeschrieben."

⁷⁹ Der Canon „Grossen Dank" ∹ ∹ ist weder in Breitkopf-Härtel's, noch in Thayer's Verzeichniss zu finden, noch sonst bekannt.

⁸⁰ Graf Moriz Dietrichstein war 1823 als Hofmusikgraf der Vorstand der k. k. Hofkapelle.

⁸¹ Briefe **67** bis **86**, 20 ähnlichlautende Entschuldigungsbriefe seines Wegbleibens von den Lectionen oder den Musiken des Erzherzogs. Das Datum unbestimmbar.

Beethoven's Werke, deren in den Briefen Erwähnung geschieht:

Op. 47?	Son. f. PF. u. V. comp.	1803	ersch. 1805	— Br. **2.**
— 96?	— — —	— 1810	— 1815	— Br. **5.**
S. 141	Chor: Germania!	— 1814	— 1814	— Br. **10, 11, 12.**
Op. 72	Fidelio, Oper . .	— 1804-5	— 1814	— Br. **13, 14, 60.**
?	Pferdemusik . . .	— 1804?	— ?	— Br. **15.**
— 91	Wellington's Sieg	— 1813	— 1816	— Br. **17.**
— 136	Cant. Glorr. Augenbl.	— 1814	— ?	— Br. **18.**
— 97	Trio f. PF. V. Vcllo	— 1811	— 1816	— Br. **21, 22, 23.**
— 96	Son. f. PF. V. . .	— 1810	— 1816	— Br. **22, 33?**
— 102?	Son. f. PF. V. Vcllo	— 1815	— 1819	— Br. **24.**
— 90	Son. f. PF. u. V. .	— 1814	— 1815	— Br. **25, 26, 27.**
— 112?	Cant. Meeresstille .	— 1815	— 1822	— Br. **28.**
— 123	Messe D-dur . .	— 1818-22	— 1826	— Br. **45, 50, 51, 56,**
— 106	Son. f. PF. . . .	— 1818	— 1819	— Br. **49. [58, 60, 61.**
— 126?	Bagatellen f. PF. .	— 1821	— 1825	— Br. **58.**
— 109?	Son. f. PF. E-dur .	— 1821	— 1825	— Br. **58.**
— 110?	— — A-dur .	— 1821	— 1822	— Br. **58.**
— 111	Son. f. PF. . . .	— 1822	— 1823	— Br. **59, 60.**
— 120	Var. f. PF. . . .	— 1823	— 1823	— Br. **60.**
— 125	9. Symphonie . .	— 1822-23	— 1824	— Br. **60.**
?	Canon: Grosser Dank	— 1823	— ?	— Br. **64, 65.**